行動と変化を促す

キャリア
カウンセリング
＆ガイダンス

クライエントの可能性を引き出す行動支援

［編著］渡部 昌平
［著］吉川 雅也
藤田 廣志
新目 真紀
矢崎 裕美子

福村出版

[JCOPY]〈出版者著作権管理機構 委託出版物〉

本書の無断複写は著作権法上での例外を除き禁じられています。複写される場合は，そのつど事前に，出版者著作権管理機構（電話 03-5244-5088，FAX 03-5244-5089，e-mail: info@jcopy.or.jp）の許諾を得てください。

まえがき

　近年，日本でもサビカスやコクランあるいは経験代謝など「質問やワークを用いてクライエントの仕事観や人生観を明らかにする」ナラティブアプローチのキャリアカウンセリングが盛んになってきました。職業興味検査・職業適性検査などの客観的アセスメントだけでなく，クライエントの主観的な仕事観や人生観を紡ぎ出す技法を用いることができるようになってきたことはとても素晴らしいことだと思っています。

　一方で欧米ではナラティブアプローチと同時に行われてきた「行動計画（アクションプラン）作成の支援」という視点が，日本ではどうも抜け落ちているように思えて仕方ありません。ロジャーズ流の傾聴というか，アドバイスを潔しとしない傾聴重視のスタイルのせいなのか，クライエントの行動支援という視点が弱いように感じています。

　もちろんクライエントがやりたくないことを支援者が強制するのはもってのほかです。しかしせっかく自分自身の仕事観や価値観として「これがやりたい」「こういう準備をしなければ」と気づいたクライエントが，「自信がない」「面倒くさい」などの理由で行動できない／準備できないとしたら，それは支援者が支援すべき問題ではないでしょうか。クライエント自身が行動できない／環境を整えることができなければ，支援者が行動や環境整備のための支援を行うことが重要だと考えています。「クライエント個人の精神的努力に任せる」のではなく，支援者がコンプリメントするほか，周囲の人的資源の活用を提案したり，周囲の環境整備を提案したりすることも重要です。支援者がクライエントの問題を把握したら終わりではなく（問題解決をクライエント任せにするのでなく），クライエントが自ら問題を解決できるようになるまでを支援することが必要です。そしてその効果的・効率的な実践のためには，自らの実践のブラッシュアップだけでなく，理論や研究を背景とし

た知識や経験の後ろ盾（理論武装からの実践）が重要です。

　本書では絶妙な共著者を得て，行動と変化を促すキャリアカウンセリング＆ガイダンスについて，理論や研究と実践との橋渡しを試みています。第1章では渡部昌平が行動支援の必要性や一般的な理論・技法について，第2章では吉川雅也先生が行動主義からクランボルツ理論，さらにはアジャイルキャリア開発論に至るまでの実践のための理論的枠組みを，第3章では藤田廣志先生が理論を具体的に実践にどう落とし込むかという方法論を，第4章では新目真紀先生が欧米における行動計画作成支援の具体例を，第5章では矢崎裕美子先生が主に境遇活用スキル（不測の事態に柔軟に対応し，予測できない偶然の出来事に積極的に対応するスキル）に関する国内外の研究紹介を，第6章では改めて藤田廣志先生が各種ワークやスーパービジョンなどを始めとした応用編について解説しています。こうして理論や研究を多面的に把握することで，読者の今後のキャリアコンサルティング実践が厚く，かつ深くなることを期待しています。

　学校や企業，福祉分野等の現場でクライエントの行動変容に苦心されている支援者だけでなく，日々学び続ける支援者，指導者を自認する支援者の皆さんには，ぜひ本書の各章を理論や研究を自らの実践に落とし込む際の参考にしていただければ幸いです。キャリアコンサルタントのみならず，教員や総務・人事担当者等にとっても参考になる書籍になったと自負しています。

2025 年 1 月
秋田県立大学
渡部昌平

目　次

まえがき　　3

第1章　はじめに　　7

1. 行動と変化を促す　8
2. 理論と実践の双方から〜具体的なテクニックを考えてみる　18
3. 相談の中での注意点　29
4. クランボルツについて　31
5. まとめ　34

第2章　実践のための理論的枠組み　　41

1. 行動と変化を支援するために　42
2. 行動カウンセリング　45
3. 社会的学習理論　50
4. ハプンスタンスの理論　62
5. ハプンスタンス学習のモデル　71
6. アジャイルキャリア開発　77
7. 理論の学びを実践に活かす　82

第3章　理論から具体的実践に　　87

1. 暗黙知を形式知に　88
2. 目標設定と具体的支援の展開　94
3. 学習理論・行動カウンセリングの活用　109
4. 行動的アプローチの活用　122

第4章 研究者，実践家のアクションプランの実際 133

1. 行動と変化を促す 134
2. 行動と変化を促す支援が必要になってきた背景 136
3. 研究者，実践家としての実践 151
4. まとめ 161

第5章 計画的偶発理論におけるスキルの研究 165

1. 偶然の出来事が私たちのキャリアに影響している 166
2. 計画的偶発理論に基づいたスキルとは 169
3. スキルがあると何がよいのか？ 国内外の実証的研究より 175
4. どうすれば偶然の出来事を理解，創造するスキルは身に付くのか？ 187
5. まとめ 195

第6章 理論・アプローチの"行動化"への応用 199

1. フェイル・ファスト・アプローチの応用 200
2. 意思決定理論・モチベーション理論の応用 216
3. 社会正義のキャリア支援の応用 222
4. 行動化を支援するスーパービジョン 227

索引 243
編著者・著者略歴 245

第 1 章

はじめに

渡部　昌平

1. 行動と変化を促す

a なぜ今「行動と変化を促す」必要があるのか

　近年は日本でも，従来のような「安定した組織の中で，組織の指示に従い，組織内で定年退職までキャリアを発達させてもらう」時代から，個人が時には所属組織を転々とさせながら自らのキャリアを設計・調整する時代へと変化してきました。企業や業界の盛衰が短期間で変化し，仕事内容も仕事のやり方も昇進・昇給のあり方も短期間で変化してきています。昨日の安定企業が，明日も存在するとは限りません。昨日の人気職種が，明日も人気であるとは限りません。個々の労働者が置かれる立場や役割あるいは状況も，常に安定していたり右肩上がりに上昇したりするとは限らなくなってきています。

　これまでのような「就職時点での自己と仕事（あるいは会社）とのマッチング」をするだけの人生設計では，もはや長期的な安定は確保できなくなってきています。常に時代の変化を意識し，早め早めに準備・行動・変化することが求められています。個人の適職をその時点でタイプ分けしても，発達段階（ステージ）で分けてみても，「時代によって，個々人によって異なる状況変化」には対処できません。状況自体も，個人が置かれる役割や立場も，時間軸でどんどん変化していきます。サビカス（2015）も言うように，キャリアカウンセリングは「その問題についてクライエントは何をすることができるか」という行動問題に，状況変化の都度関わらなければなりません（アメリカ職業心理学会第2回大会の合意）[1]。ゆでガエルにならないためには，お湯が熱くなる前に飛び出さなければなりません。

　1990年代にアメリカで発展したナラティブ／社会構成主義アプローチは2000年代以降になって日本でも紹介されるようになり（椛野（2007），野

8　　第1章　はじめに

淵（2008）あるいは渡部編（2015）など），2010年代に入るとサビカス（2015）やコクラン（2016）の訳本も出版されるなど，現在では日本でもナラティブ／社会構成主義が定着したかのように思われます。

　しかし一方で，1990年代からアメリカで同時に言われていた「クライエントの具体的な行動の支援」が抜け落ちて伝わっているようにも感じられます。アメリカの影響で「仕事観や人生観を明らかにする質問やワーク」（ナラティブ／社会構成主義アプローチ）の技法が入ってきて盛んに実践されるようにはなったものの，「その理想の未来を実現するためにいつ（までに）どこで何をしなければならないのか」「理想の未来の実現を阻害しているものは何で，促進するものは何で，それらに対して具体的にどのように対処するか」という具体的な行動計画（アクションプラン）を作成するという支援が抜け落ちているのではないかという危惧です。

　人生観や仕事観を明らかにする質問やワークは盛んになっていますが，そうした人生観や仕事観に合った人生選択や職業選択をするにあたって，具体的な行動計画の策定まで支援している日本のキャリアカウンセラーがどのくらいいらっしゃるでしょうか。

　実際，欧米の研究者・実践家のキャリアカウンセリングのプロセスに関する記述を見てみると，ガイスバーズ（2002），アムンドソンとポーネル（2005），アムンドソン（2018），McMahon & Patton（2006）などは「行動計画（アクションプラン）」の作成の支援までを著書に明記しています。また，キャリアカウンセリングのナラティブアプローチを標榜するコクラン（2016）も，著書で1章を割いて「ナラティブを実現する」として「探索し，現実を認識する」「役割を演じる」「段階的に行動のサイクルを回す」ことの支援を通じ，クライエントの行動の現実化を試みています[2]。ソシオダイナミックカウンセリングを標榜するPeavy（2004）は，「個人的プロジェクトの共同構築」「参加への導き」「未来の構築」「自らの著者となる」「自らの手で作る」などの表現でクライエントの行動支援を語ります[3]。さらに，キャ

1. 行動と変化を促す　9

リア構築理論で有名なサビカス（2015）はキャリアストーリー・インタビューとして 5 つの質問（ロールモデル，好きな雑誌，好きなストーリー，指針となる言葉，幼少期の思い出）を用いることでクライエントの興味・関心や価値観を 1 回の相談で明らかにしますが，実際には相談は 1 回では終わりません。サビカス曰く「1 回目のセッションでキャリアストーリー・インタビューと同時にクライエントのキャリア構成を導き出し，2 回目のセッションでクライエントに再構成したストーリーを物語り，クライエントと共に両者が納得できるアイデンティティ・ナラティブの共同構成を始め，3 回目と 4 回目のセッションでカウンセリングを完了させ，コンサルテーションを終了させる」としています。著書の中では最後の第 9 章を「意志を行動に変える」ことに当て，2 回目のセッションの終わり近くからどう終結させるかを述べていますが，「探索」「結晶化」「特定化」「現実化」の過程を経て「決断し実行する」ところまでを支援しています[1]。

　またバーネットとエヴァンス（2017），Pryor & Bright（2003）などでは目標達成に向けてその前に「小さく試す」ことを推奨しています。「小さく試す」というのは，日本でもよく行われている職場体験（インターンシップ，ジョブシャドウイング）のほか，弟子入り（ユースアプレンティスシップ），自分が興味を持つ仕事や人生を過ごしている人へのライフキャリア・インタビュー，トライアル雇用，複業（副業・兼業），教育機関に行きながら職場での仕事実践も体験するデュアルシステムなどが挙げられます。

　このように，欧米では「行動の現実化」「決断し実行する」までを支援することが重要だと考えられているのです。

　日本でも 1990 年代から中学校をはじめとしてキャリア教育の一環として職場体験（インターンシップ）が早期に導入されてきましたが，残念ながらそこから先の広がりや深まりが感じられません。実は職場体験（インターンシップ）は公立中学校での実施率は高いものの，国立・私立では低く，また高校では実施率も参加率も中学校に比してかなり低く（特に普通高校），大学

に至ってはほとんど就職活動と化しているのが実態です。

　ではどんな行動や変化を促していけば良いのでしょうか。

b　どういう行動や変化をさせる必要があるのか

　自己理解の深化という意味では，「深い自己分析」を促す必要があるでしょう。単にクライエントの性格や興味・関心，能力，適性などを明らかにするだけでなく，仕事観・人生観・家族観・人間観・幸福観などの「価値観」を明らかにする必要があるでしょう。どんな業界のどんな職種で働くかだけでなく，企業や社会にどう貢献したいか，どこで働きどんな人間関係を築き誰と暮らしたいか，どんなワーク・ライフ・バランスでどんな余暇活動を過ごしたいかなども重要でしょう。

　仕事理解の深化という意味では，（再）就職先の仕事内容やその仕事に必要な知識や経験，スキル，資格を把握するだけでなく，その会社の雰囲気や経営方針，人間関係なども知っておいたほうがいいかもしれません。それらを事前に調べることで就職後のミスマッチを減らすこともできるでしょう。職場体験（インターンシップ）やジョブシャドウイング（１日社会人体験），トライアル雇用などで一度仕事の「お試し体験」をするという方法もあります。

　生活の充実の検討という意味では，クライエントの中の「楽しい生活」「豊かな生活」「充実した生活」などについて，言語的に具体的に定義していく必要があるでしょう。そこには仕事生活だけでなく家庭生活や趣味，人間関係，時間の使い方などのワーク・ライフ・バランスも入ってくることでしょう。

　将来設計の明確化という意味では，その時点での仕事（業種や職種，個別の会社や組織）の選択だけでなく，将来どうなりたいか，どこに住むか，家族とどう関わるかなどの人生設計も合わせて検討する必要があるでしょう。人生を豊かにするためには友人関係や余暇活動も重要です。

　そしてこうした長期目標を踏まえて具体的かつ短期的な行動レベルの目標

に落とし込む場合，これからに向けて必要な行動や無駄な行動を整理する必要が出てくるでしょう。優先順位を決める必要もあるでしょう。かかる時間やコストを見積もる必要もあるかもしれません。現在の生活と理想の未来の生活のギャップを確認し，そのギャップを埋めるためにこれからいつどこで何をしていくのか，これまでやってきた何をいつから変えるのか（あるいは継続するのか，やめるのか），いつ誰に協力やアドバイスを求めるのかなど，具体化する必要が出てくるでしょう。

c どうすれば行動と変化を促すことができるのか

渡部（2023）は大学1年生に対するキャリアカウンセリング事例を報告し，短期的な勉強時間の増加はうまくいったものの，中長期的な業界・企業研究への積極性については効果が薄かったことを報告し，特に中長期的目標に対する相談後の支援者のフォローアップの必要性を指摘しています[4]。

また渡部（2024）は大学生に対する講義で，過去の好奇心・持続性・柔軟性・楽観性・冒険心のエピソードを書かせ，グループ内で1つ発表させるというワークで学生の行動意欲が上がったことを報告しています。ただしその後に自由記述させた「今後の挑戦」「今後継続すること」の記述では「いつ（までに）」「どこで何を」「何のために」などの具体性が不足していたことを同時に指摘します。すなわち具体的な行動に移行させるには，期日・期限・締切などの具体化，内容の具体化，目標や意味の具体化が必要であり，そこにキャリアカウンセラーの存在意義があるという主張です[5]。

渡部（2012）では，そもそも目標設定を学生任せにすると「ある程度の目標」は立てるものの具体的ではなく，その結果として具体的な行動に至らないことを指摘しています[6]。

これらを踏まえると，まずクライエントの現状をクライエント自身にできるだけ「客観的に把握」してもらうことが必要だと考えられます。自分の過去・現在の興味・関心，過去に楽しかったこと・頑張ったこと，今の自分が

できていること・できていないことなどを把握し，「では具体的に将来どうなりたいか，どうなるべきか」という理想の未来を具体的に考えて，言語化していく必要があります。理想の未来に至る今後の行動を，具体的に締め切りを決めて数字レベル・行動レベルで考えていく必要があります。

　世界で最も著名な発達心理学者の一人，ジャン・ピアジェ（Jean Piaget, 1896 ～ 1980）以降の（社会）構成主義的教育では，学習とは学習者自身が知識を構成していく過程であり，人は「経験」から学ぶとし，①間違いを奨励する（間違いから学ぶ），②探索を奨励する（探索から学ぶ），③学習者相互のやりとりを促す（やりとりから学ぶ），④教師の役割は援助であると認識する，とします。「教師が正答を教える」のではなく「教師は学習方法を教える」のです。カウンセラーが答えを教えるのではなく，答えを見つけるのはあくまでクライエントでなければなりません。だからこそクライエントが自主的あるいは積極的に行動や変化が起こせるのです。これまでの間違いを振り返り，これまでの選択やこれからの理想について探索を行ってもらい，周囲とのやりとりを振り返り，必要なやりとりを増やすことを支援するのです。カウンセリングの「相談する，話を聞いてもらう」というクライエントの受動的・消極的な面よりも，「学習する，行動する」というクライエントの能動的・積極的な面に焦点を当てると言っても良いかもしれません。

d 行動や変化を阻害するもの，行動を促進するものを明らかにする

　これまでにも述べたとおり，我々はつい短期的な視点で（楽な方向あるいはいつもの方向に）行動をしがちで，あるいは問題を含んでいても習慣化した行動をとりがちであり，「変化を好まない」と言ってもいいかもしれません。苦手なこと・嫌いなこと・きついことはできればやりたくありません。「失敗したくない」「リスクを取りたくない」「誰もやっていない」「面倒くさい」はやらない言い訳として大きな位置を占めます。「いつものことをいつものようにやる」のは，何も考えずに済む最も楽な対処方法です。

しかし一方で「うまくなりたい」「試験に受かりたい」「変わりたい」などと具体的な目標を持ち、苦手なこと・嫌いなこと・きついこと・面倒なこと・初めてのことを「克服すべき対象」「成長や幸せになるきっかけ」と捉えれば、前向きに行動するようになります。また周囲が頑張っているのを見ることあるいは周囲の成功を見ることも、クライエントのやる気に影響を与えるでしょう。

短期的目標だけでなく「理想の未来」に向けた中長期的目標を明らかにし、そうした中長期的目標達成に向けた行動について、過去・現在に阻害しているもの、促進しているものを明らかにし、阻害するものへの対策を考え、促進するものは積極的に活用していくことが望まれます。

行動や変化を「クライエントの精神的努力」任せにするのは、支援者として無責任です。家に帰ると目の前にゲームがあってやる気が出ない学生に対しては、「いつ、どこで、誰とならやる気が出るか」を確認して、放課後に図書館で勉強することを一緒に考えるなど、阻害物・促進物を考慮した支援を考えていくことが必要です。精神的努力を声高に言うのではなく、むしろ環境設定のほうが重要なのです。

e 恣意的に行動や変化を誘導してもいいのか

行動や変化が必要だと薄々は感じているのに、自分一人では行動や変化を起こせないクライエントは多数存在します。前項のような「家に帰るとゲームの誘惑がある学生」がいい例でしょう。だからこそ、クライエントはわざわざ意図して第三者に相談に来るのだろうと思います。

全ての人が強靱な意志を持って、自分自身の考え方や行動を自ら変えていけるわけではありません。理想の未来が見つかったのに、その理想の未来に向けて行動できないクライエントに対して手を差し伸べることは、支援者として重要な姿勢ではないでしょうか。もちろんクライエントが望まない行動をカウンセラーがさせようとすることは、大きな問題です。

14　第1章　はじめに

例えば下村・髙野（2022）はデンマークの研究者 Peter Plant のグリーンガイダンス（エコロジーの観点からのキャリア支援）を紹介し，グリーンガイダンスが指示的・示唆的なアプローチだと疑問視する向きもあることに対し，Plant はグリーンガイダンスこそが積極的（proactive）で，質問し（questioning），探索的で（probing），省察的（reflexive）であって「真の意味でクライエント中心的である」と述べていることを紹介し，「Plant の視点では，個人も含む環境全体を視野に入れ，個人と環境のどちらも幸福になることを目標とするグリーンガイダンスの方が，よりクライエントを中心においたアプローチだからである」と解説しています[7]。グリーンガイダンスには個人主義偏重への批判，経済優先主義への批判も込められていますが，望む世界を目指す場合あるいは望まない社会を忌避する場合には，一定の恣意性が必要な場合もあるように思っています。

この Plant の理屈を援用すると，「行動と変化の支援こそが，クライエント中心主義なのだ」と言うこともできるのではないでしょうか。

f 「聞いてくれただけで，気が楽になった」ではダメなのか

クライエントを受容・傾聴することはもちろん重要です。クライエントの希望が「気が楽になるから，聞いてくれるだけでいい」のならば，それでもいいのかもしれません。しかし問題が解決しないまま日常生活に戻れば，クライエントは相談前と同じような暗い気持ちあるいは消極的な気持ちに戻ってしまうかもしれません。

クライエントは「やりたいけど，できない」あるいは「やるべきなのに，やりたくない」などの気持ちで揺れ動いたり悩んだりしているかもしれません。クライエントの希望が「問題解決」「理想の実現」であるからには，その実現に向けた行動や変化を支援する必要があると思っています。相談はカウンセラーの都合や気分で行われるべきものではなく，クライエントのニーズに合わせて行われるべきものです。心理相談室の中でのみ解決したように

1. 行動と変化を促す　15

見えることではなく，実生活で実際に行動できるようになることが必要です。

g 特に日本の特殊事情について

　老若男女を問わず，日本人は自己肯定感や自尊感情が低いことが知られています。また小中高では「目立つ」「人と違う」ことをリスクと感じる児童・生徒も少なくありません。世界との比較では，周囲との信頼関係も薄くなりがちです（例えば本田（2021）など）。そうすると，どうしても「リスクや失敗を避ける」「行動しない」「挑戦しない」「変化を避け，周囲に同調する」「役割や責任を避ける」方向に行きがちです。低コンテクスト文化でプラグマティズムやアメリカンドリームの伝統のあるアメリカでは個人に「頑張れ」と言えば済むものが，高コンテクスト文化で「空気を読む」「集団内のリスクを厭う」日本では個人のみならず集団や環境にも働きかける必要があるかもしれません。

　しかし日本においても社会や企業ではそれぞれの役割や責任が求められ，やる気や積極性が求められます。そのギャップを埋めるには，若いうちから行動や変化を意識することが重要ですし，周囲が行動や変化を支援していく必要があります。

　また特に女性は自己肯定感や自尊感情が低い上に，日本では家事・育児・介護負担をほとんど担い，さらには企業内で役職や責任が与えられないことも少なくなく，やる気や積極性が経験年数を経るほど少しずつ失われていく感がないでもありません。

　カウンセラーはクライエントの支援者であると同時に，社会に参画しているメンバーの一人として，社会生活全体の向上のためにも個人の「行動と変化の支援」をしていく必要があると考えています。

h「高い志」に注意

　日本人はストイックな人も多いせいか，ややもすると当初から高い目標を

16　第1章　はじめに

掲げがちで，支援者もその「高い志」を評価しがちです。しかし継続して行動できないような「高い志」は百害あって一利なし，自信を喪失させ，やる気をそぐことにもなりかねません。まず最初は「慣らし運転」が必要です。支援者は，自分の実力以上にどんどん進みたがるクライエントがいれば「手綱を引く」勇気も必要です。

　これまで勉強してこなかった学生が「1日3時間勉強する」，これまで運動してこなかったクライエントが「1日10キロ走る」では1日目から脱落することにもなりかねません。まず最初の3日なり1週間なりは「朝に教科書とノートを5分でもいいから見返す」「近くの公園まで歩いて往復する」のような間違いなく継続できるところから進め，少しずつ強度を強めていったほうが成功体験も味わいやすくなります。

　一方でこれまで一定の強度を持って行動してきた人が「すぐにできる行動計画」を立てても，成長の実感が得られません。行動計画は「頑張れば届く」くらいのちょうど良い強度である必要があります。

　また日本人は完璧主義者が多いので，行動計画の評価についても「100点じゃなくても（70～80点でも）そこまでの頑張りや努力を評価する」ことを支援者が意識しておくことも大切かもしれません。毎日の努力や我慢では疲労も蓄積します。行動計画に一定の休息を入れておくのも大切な考え方です。

i 安易な離転職を防ぐためにも

　行動と変化を促すキャリアカウンセリングが「離転職を促すのでは？」と思う方がいらっしゃるかもしれませんが，それは違います。中小企業の経営者や人事部門の中には「うちは賃金や福利厚生などの労働条件が悪いので，募集しても来ないし，採用しても離職する」と考える人がいますが，全く違います。職場の雰囲気が良ければ，「周りの人と同じ給料」で辞めることは決してありません（ただし有給休暇が取得できないとか残業代の不払いなどの問

題は離職の決定的な要因となり，問題外です。募集・採用時に説明された労働条件と実際の労働条件が違う場合も離職のリスクが大幅に上がります）。上司や同僚といい関係が築けていれば，賃金や労働時間は気になったとしても「このメンバーでより良い成果を出そう」と思えるはずです。そういう気持ちにさせるような働きかけが弱いとしか言えません。

労働政策研究・研修機構の調査（2014）によると，仕事での高揚感は職務や同僚との関係，能力開発・福利厚生・生活サポートにより上昇することが知られています。また，職場におけるネガティブ反応は年齢が上がるごとに下がり，同僚や顧客との関係，能力開発・福利厚生・生活サポートにより減ることが分かっています[8]。また同じ労働政策研究・研究機構の調査（2017）では，「上司や先輩社員の側からのコミュニケーション不足」が若手社員の離職につながる可能性が示されています[9]。その穴を埋めるのがキャリアカウンセリングです。上司や先輩と若手社員をつなぐだけでなく，若手社員を含めた社員全員の話を聞く仕組みの形成です。現場の上司の研修だけでなく，人事部門と現場の情報共有が重要です。

2. 理論と実践の双方から
〜具体的なテクニックを考えてみる

前節までの議論を踏まえれば，行動や変化を促すテクニックは自ずから知れてきます。ただ指摘すれば（対決すれば）解決するという問題ではありません。

キャリアカウンセリングと言わないまでも，皆さんもご自身でやってこられたり，保護者や学校教員，部活の指導者，会社の上司などから働きかけられたりしたことがあったかもしれません。そしてこれらのテクニックは実

際に，クランボルツとレヴィン（2005）のほか，ハンセン（2013），コクラン（2016），バーネットとエヴァンス（2017），Pryor & Bright（2003）などでも活用されています。

以下，ある程度の重複があるかもしれませんが，思いつくままに書き連ねてみたいと思います。

a 現状分析や理想の未来をできるだけ具体的に言語化する

私は所属大学で学生の目標設定を支援していますが，例えば前学期の期末試験対策が十分でなかった学生の多くは，反省はしますが「次はしっかりやる」程度の目標設定で済ませがちです。ただ，これでは学期ごとに同じ失敗が繰り返されることになります。

例えば行動レベルで「欠席した回のノートは友人に写させてもらい，友人から説明を聞く」とか，数字レベルで「2週間前から1講義1時間の復習をする」などの「言語化された，具体的な目標設定」が行動を促します。

現状分析では，反省するだけでなく「何ができていて，何ができていないのか」「自分の資源（長所）は何で，欠点はどこなのか」「自分の周囲（外）にはどんな資源があるのか」といったことも検討して，自分の内外にある資源を有効活用していくことも必要かもしれません。反省だけすると自己評価が低くなりがちで，積極性が生まれにくいからです。自分の内外の資源を把握しておくことは，積極性を喚起しやすいようです。

ただ漠然とイメージするだけでなく，ポジティブな資源を含めて具体的に言語化したほうが，行動しやすくなります。

b 行動記録（日記）をつける

できれば1〜3週間程度，自らの1日の行動記録（日記）をつけることで，自らの行動を客観視することができます。1日のうちのどの時間帯が充実しているのか，無駄に過ごしているのか，自分にとって充実とは何で，無駄と

は何なのか，改めて書き出して考えてみることで見えてきます。そしてできるだけ充実している時間を増やし，無駄な時間を減らすように意識づけていきます。それだけでも日々の生活が充実するはずです。自らの成長のきっかけが見えてくるはずです。バーネットとエヴァンス（2017）では，具体的なやり方が解説されています。

c 優先順位をつける，選択する

使える時間には限りがあります。何を一番優先すべきか，どれを先にやるべきか，二番目は何か，考えていく必要があります。必ずしも課題を見つけた順ではなく，締切が早い順でもなく，自分の人生にとって重要な順にこなしていく必要があるかもしれません。それを決められるのは，クライエント自身だけです。

時期により曜日や時間帯により，優先順位は変わります。学生でいえば期末試験の前は勉強が優先でしょうが，長期休みは友人関係や趣味が優先でも構いません。就職活動の特定の時期は，ひょっとして勉強よりも就職活動を優先する場合があるかもしれません。優先順位は「常に変わらないというものではない」ことに，注意が必要です。またワーク・ライフ・バランスのように「どちらも重要」という場合もありますので，そのバランス取りも重要となります。

d 報酬（ごほうび），罰を設定する

目標達成に対する報酬あるいは目標未達成に対する罰を設定するのも，効果的な方法です。1ヶ月に2キロの減量に成功したらケーキを1つ食べていいとか，1日1時間の勉強ができなかった週はその週の土日に足りない分の勉強をするなど具体的に決めておくことで，やる気を維持し，やらなかった不足分を半自動的に補うことができます。

ただ気を付けなければならないのは，行動はあくまで主体的に行うべきこ

とですので「報酬や罰のためにやる（やらない）」となってしまうと本末転倒となってしまいます。その点については時々意識して振り返る必要があるように感じています。

e 周り（家族，友人，上司・同僚・部下）からの評価を聞く，周りの人を活用する（チームをつくる）

　人は「客観的な自己評価」を行うことが困難です。周りの家族や友人，上司・同僚・部下から評価を聞くというのも1つの方法です。クライエントが考えている自己像と，周囲の人間が捉えているクライエント像に違いがあった場合，クライエントは改めて「自分はどんな人間か」「どうありたいか」「周囲にどう思われたいか」を考え始めます。

　あるいは特に日本人は一人で「他人と違う行動」をすることを嫌がる傾向があります。周りの誰かが自分を応援してくれていると思えば挑戦もできるでしょうし，自分一人でなく他の人も挑戦している（人と違うことをしている）とわかれば勇気をもらえるでしょう。友達や同僚2，3人で一緒に挑戦するという方法もあります。

　バーネットとエヴァンス（2017）では周囲のサポーターやメンターの存在を確認し，「チームをつくる」ことを推奨しています[10]。

f 過去のポジティブな行動を振り返る

　渡部（2024）でも述べられているとおり，クライエントに過去のポジティブな行動（好奇心・持続性・柔軟性・楽観性・冒険心の具体的なエピソード）を書かせ，語らせることはクライエントの行動意欲を向上させます[5]。「そういう過去を持っているあなたが，これから行動したいこと／挑戦したいことは何ですか」という質問で，過去のポジティブな行動を未来への行動意欲として生かすことができます。

　ただ渡部（2024）が述べるように，特に日本人クライエントの挑戦計画

は当初，具体性の弱い，漠然としたものであるかもしれません。その「漠然とした挑戦」を「いつ」「どこで」「何のために」「誰と」「何をするのか」具体化していくことは，カウンセラーなど支援者の腕の見せ所であると考えています。

g 理想の未来を考える，理想の未来への第一歩を考える

　自分の欠点を見つめるよりも（時には単に現状を客観的に把握するよりも）「理想の未来を考える」ことは楽であり，楽しいものです。実現可能性は一旦置いておいて，理想の未来を考えることで人は前向きになれますし，積極的にもなれます。理想の未来に向けて行動していく中では困難や障壁にも突き当たり，時には諦めざるを得ないこともあるかもしれませんが，計画段階では実際の困難はありません。

　まず「理想の未来への第一歩」を考えることで前向きになれますし，行動化・変化につながります。ですからこの「理想の未来への第一歩」の敷居をあまり高くしないことが重要になってきます。「気になる本を読む」でも「気になる業界で働く人のインタビュー記事を読む」でも，簡単なところからスタートしてステップ・バイ・ステップで少しずつ難易度を上げていくことで，行動が継続しやすくなります。

h 挑戦プランを立てる

　コクラン（2016）は「積極的で主体的に行動する人は，自分の人生に対する生きる感覚を持っている。消極的な人は，自分が主人公であることや真実の感覚を持てない人だ。だが，キャリアは自分が望む人生に対して，展望を持つことから形成される」とし，挑戦を奨励しています。「自分の人生を生きる」ためには，積極的で主体的に行動する必要がある，すなわち挑戦する必要がある，という論理です[2]。挑戦に成功すれば自信になりますし，もし挑戦に失敗しても，失敗から「成功する（失敗しない）ためのノウハウ」

22　第1章　はじめに

を学ぶことができます。バーネットとエヴァンス（2017）は，3つの挑戦
プランを立てることを推奨しています。

　そう難しく考えなくとも，例えば近場の旅行でも友人と遊ぶ計画でも「自
分がドキドキワクワクしそうなこと，自分が成長しそうなことを考える」こ
とは楽しいことですし，まずは簡単な「挑戦プランを立てる」ことから始め
るといいかもしれません。簡単な挑戦プランに成功して自信を持てたら，次
は少し難易度の高い挑戦プランに挑戦してもいいかもしれません。最初から
「絶対に無理な挑戦プラン」を立てることには注意が必要です。また「絶対
に失敗しない（成功する）プラン」は成長の度合いが弱いかもしれません。

i 小さく試す

　いきなり大きな挑戦（例えば離職・転職）をして失敗するリスクを減らす
ためには，まずは「その行動（あるいは仕事や生き方）について，詳しく調
べてみる」ということはリスク回避の観点からも重要です。そういう行動（あ
るいは仕事や生き方）をしている人を調べ，話を聞きに行ったり，インター
ネットでインタビュー記事を探したり，学生であれば企業・工場見学やジョ
ブシャドウイング，インターンシップに参加したりOBOG訪問をしてみたり，
大人であればトライアル雇用で試しに仕事をしてみたりすることが考えられ
るでしょう。

　「まず小さく試す」「途中で辞めてもいい」という気軽さが挑戦の敷居を
低くしてくれますし，そこで「自分に合っている」と思えばより積極的にも
なれます。逆に「自分には合っていない」と分かれば，大きな失敗を事前に
回避することができたことになります。

j 「その行動（やるべきこと，やりたいこと）」を具体化する，その行動の未来（結果や気持ち）を具体化する

　例えば「北海道へ一人旅をしたい」と考えたとして，「いつ北海道のどこ

2．理論と実践の双方から 〜具体的なテクニックを考えてみる　　23

へ行き，何を見て，何をして，何を食べるのか」「何の交通機関で行き，どこに泊まるのか」など一人旅の内容を決めます。計画を具体化することで実現が近づきます。また「交通費，宿泊費，食費はいくらくらいかかるのか」「その費用はいつどうやって工面するのか」を考えることで，さらに実現が近づいてきます。さらに「北海道へ一人旅をすると何が得られるか，どんな気持ちになれるか」も考えていきます。行動を頭の中で終わらせずに「実行に向けた具体的なプラン」にし，「実行後の効果・メリット」を明らかにしていくことで，やる気や積極性を高めることができます。

k 阻害物を取り除く，促進物を探し活用する

家にゲーム機がある学生が図書館で勉強することを選択するように，阻害物を排除し，促進物を手に入れることで行動や変化が促進されます。いつもの場所でいつもの人といるといつもの行動をするのであれば，いつもと違う場所でいつもと違う人といることでいつもとは違う行動が期待できるかもしれません。

過去を振り返り，自分の行動や変化を阻害したもの／促進したものを想起し行動や変化に向けてそれらの布置をコントロールすることで行動や変化の確率を格段に上げることができます。行動や変化の成功はクライエントに自信を与えることにもなります。一人で取り組むのが大変であれば，チームを組んで（サポーターやメンターを得て）実行するという方法もあります。

l 他の可能性を考える，生かす

ある学生の話ですが，中学高校時代に学校教員に憧れを持っていたが学力が高くなく，教員志望を諦めて農業高校に入学したものの，推薦入学で合格した大学に教職課程があったことから改めて教員を志望し，無事教員採用試験に合格して高校教員になったという例があります。一度は諦めていた道が推薦入学という方法で新たに開けたことで，教職科目ではかなり熱心に受講

しており，教職専任の教員にもよく相談に行っていたようです。

　特定非営利活動法人日本キャリア開発協会（JCDA）が提供している「ク
ルンボルツ博士のキャリアカウンセリング」というビデオでは，クランボル
ツは「将来は現場でカウンセラーになるか，カウンセラーを養成する教育者
になるか」という院生の弟子に対して，「カウンセラーの勉強をしたからと
いって，カウンセラーになるしかないわけではない」「他の可能性もある」
ことを示唆しています。確かに企業の人事担当者になっても良いわけですし，
福祉職としてカウンセリングの知識を生かすこともできるかもしれません。
実は「クライエントが持っている知識や経験，スキル」でできる仕事は，ク
ライエントが考えている仕事以上に幅広い可能性を持っている可能性があり
ます。

　仕事に限らず，若い頃に一度諦めたものをお金や時間ができてから改めて
始めるということもできるでしょう。私は子どもの頃エレクトーンをやって
いたのですが，大学のパイプオルガン講座は「ピアノ経験がないから」と断
られたのですが，最近になりパイプオルガン市民講座を見つけて通っていま
す。決して上手とは言えませんが，昔できなかったことを取り戻した気分で
す。絵画や俳句・川柳，書道，音楽，読書などの趣味に限らず，資格取得や
旅行，スポーツなどもお金や時間に余裕ができれば始められるかもしれませ
ん。

m 書き出す，約束する，宣言・宣誓する

　目標をスケジュール帳に書いたり紙に書いて貼り出したりしていつでも見
えるようにしておくこと，周囲の家族や友人，同僚などに約束・宣言・宣誓
することも効果的です。自分との約束だったり周囲の人との約束だったり，
一度宣言したものは「心の内で密かに考えていること」よりもやる気が出ま
すし，やらないことに後ろめたさを感じます。

　私の過去の相談経験では，周囲に自分と同じように公務員試験を目指す学

生がいないことからなかなか試験勉強にやる気の出ない学生に対し，「やる気が出るのはどんな時か」と質問したところ「切羽つまった時，周囲からプレッシャーがある時」との回答だったので，「周囲に公務員試験の勉強を宣言する，ファンであるミュージシャンのポスターに向けて誓う」という行動をすることとし，見事勉強を継続させて公務員試験に合格したという例がありました。

　クライエントの性格にもよりますが，「書いて貼る」「周囲と約束する，周囲に宣言・宣誓する」というのは一定の効果があるように感じています。

n 宿題として出す，フォローアップする

　一人では行動できないが周囲の協力も得られない（自分から周囲に声をかけてお願いできない）クライエントに対しては，カウンセラーなどの支援者が「宿題を出す」「フォローアップする」という方法もあります。「来週の相談までに，気になる企業1社について『なぜその会社が気になったのかを言語化する』『その会社の経営方針について調べてくる』『社長のインタビュー記事を読んで感想をまとめてくる』」などの宿題を出すのです。そうすることで，渋々ではあるかもしれませんがクライエントは行動を始め，情報が入手できたことからその情報についての評価ができます。「自分でも情報が入手できた」「宿題を完遂した」「自分で得た情報から判断ができそう」という結果は，クライエントの自信ともなり得ます。

　そもそも情報がないと評価も選択もできません。カウンセラーなどの支援者が情報を提供する場合ももちろんあり得ますが，クライエント自身に情報を収集してもらうことも大切です。

o 「過去の後悔」を振り返る

　誰にでも「過去の後悔」はあると思います。不適切な行動をしたことによる後悔，あるいは自信がなくて行動しなかったことによる後悔，いろいろな

後悔があると思います。そうした過去の選択や行動に対する後悔を振り返ることで，自分はどういう選択や行動をすると後悔しがちなのか，どういう選択や行動をしがちなのかが見えてきます。

　未来の後悔を100％なくすことは難しいかもしれませんが，自分の過去の選択や行動の傾向を知り，未来の後悔を減らすことはできます。どういう選択や行動をすべきなのか，してはいけないのか，しっかり言語化することが重要です。

p その他

　クランボルツとレヴィン（2005）ではその他，「予期せぬ失望を活用する」「場所や職業を変えることにオープンでいる」「自分の興味や経験を出会う人々と共有する」「成果に結びつきそうなリスクを取る」「予期せぬチャンスに備える」「新しいことを発見する」「マスメディアから思いもよらないキャリアのチャンスをつかむ」「友達や同僚と連絡を取り続ける」「他者からの励ましを引きだす」「間違いを活かす」「他人の間違いを活かす」「他人の間違いからインスピレーションを得る」「失敗に前向きに対応する」「欲しいものを要求する」「絶望的なときは，あなたが助けた人たちを思い出す」「拒絶されてもあきらめない」「学習の障害をチャレンジと考える」など多数のテクニックを事例とともに紹介しています[11]。

　またハルバーソン（2013）は「具体的で難易度の高い実現可能な目標を自主的に設定する」「なぜを考えるとやる気が出る，何を考えると難しい行動ができて行動を先延ばししなくなる」「得られるものと障害の大きさを比較する」「自分のタイプが証明（ビーグッド）型か習得（ゲットベター）型か把握する，楽観型か悲観型か把握する」「難しいことをするときは小さなステップを意識する」「シンプルな計画を立てる」などの方法を紹介します[12]。

　同様にシャハー（2010）は「感謝する」「習慣化する」「運動をする」「意義を見いだす」「思いやりの心を持つ」「困難から学ぶ」「すべてをシンプル

にする」「プロセスを楽しむ」「完璧主義を手放す」「安全圏から出る」「感情を味わう」「一貫性を持つ」「偉業を観察する」「ありがたい敵をつくる」「深く根を張る」「未来からいまをながめる」などの方法を紹介します[13]。

またマクゴニガル（2015）は人生をゲームフルに生きる（困難に立ち向かうゲームの場面に対応するように，好奇心や柔軟性を活用し，内外の資源を活用しながら人生を楽しく乗り越えようとする）ことを推奨します[14]。

要は「定型的な（特定の）やり方」があるというわけではなく，人により状況により「そこにある，活かせるものを活かす」「活かせるものを意識的に探す」というのが重要なのだろうと考えています。

q 普段の教育・指導・言動から，あるいは組織の雰囲気づくり

カウンセラーなどの支援者あるいは教育者はたまた上司として，①間違いを奨励する　②探索を奨励する　③周囲とのやりとりを促す　ことが重要です。挑戦を奨励し，挑戦しての間違いや失敗を褒め，次の挑戦での成功に向けた物理的・心理的支援が必要です。間違いや失敗のたびに非難されていては，消極的にもなります。結果や能力（だけ）ではなく，過程や努力を褒めていくことも重要です。

自分が提案や挑戦をしても受け入れてもらえる，むしろ喜んでもらえる，結果や能力だけでなく過程や努力も評価してもらえる，そういう1対1の関係だけでなく「組織の雰囲気づくり」が重要になってきます。近年，「心理的安全性」ということばが重要視されていますが，所属する組織に自分の居場所があり，自分の行動や発言が認められれば，人は積極的になります。自分だけでなく周りのことも認められるようになります。そのためにもその組織の管理者やファシリテーターは「心理的安全性のある組織」づくりをしていく必要があります。

特に日本は集団主義的と言われますが，「みんながやっている」と個人もやりやすくなり，「みんながやっていない」と個人のやる気も損なわれがち

28　第1章　はじめに

です。企業や学校などで支援を行うカウンセラーは「一人一人にやることを促す」「ちゃんとやっている人をメンバーでコンプリメントし，やっていない人の行動を促す（責めるのではなく，メンバー全体で応援する）」などの仕掛けをすることも重要です。

クライエントもカウンセラーも，「正解は一つではない」「方法は一つではない」「ゴールは一つではない」「あなたは一人ではない」「ピンチの中にもチャンスはある」ことを意識しておいても良いのかもしれません。クライエントとカウンセラーの1対1の関係だけでなく，クライエントの内外にある資源（カウンセラー以外の資源）にも焦点を当てることが重要です。

3. 相談の中での注意点

a 相談当初の注意点

欧米の実践家の著書を読んでみると，当たり前ですが，まず最初に「クライエントがこの相談に何を望むか」「何を相談したくて，何を解決したいのか」を明らかにすることが強調されています。

その上で，「その希望において，カウンセラーには何ができるか」を最初に具体的に明確にします。それがクライエントの意向に沿わなければ相談は始まりません。できること・できないことを伝え，必要に応じて他の専門家への紹介（リファー）をする必要があります。

相談に応じることになった場合でも，単に話を聞くだけではなく，「このクライエントが理想の未来を実現させるためには，何を学び，どう行動しなければならないのか」を常に意識する必要があります。クライエントとともに何を学び，いつ（までに）どう行動するかという行動計画の決定を支援していく必要があります。

b 相談中の注意点

　複数回の相談過程の中途では，逐次，進捗状況を確認するのが良いと思います。その際，行動計画どおりに進捗しないことがあれば，それを非難・批判するのではなく「なぜ進捗できなかったか」を冷静に分析し，「どうすれば進捗できるか」について，クライエントと一緒に客観的に対応策を考えていくことが必要です。カウンセラーとの間で設定した行動計画が，クライエント本人の状況や性格に合っていなかった可能性もあります。

　クライエントとの共同作業でクライエントがカウンセリングの結果に違和感を覚えた場合，クライエントはカウンセラーに不満を言うよりも先に，相談に来なくなります。そうならないためにも，相談の最中にはクライエントの表情や反応，発言に注目し，表情や発言が少しでも鈍ったら「ピントがずれたかな」と自らを疑う姿勢が重要です。都度クライエントに確認を取る姿勢が重要です。クライエントが「行動できない」のには何らかの違和感や反発があるのかもしれません。しっかり確認していくことが求められます。

c 相談の終結時の注意点

　相談が終わりに近づき，クライエントの「理想の未来の明確化」ができたら，それが本当にクライエントにとって「理想の未来」か，クライエントにしっかり確認する必要があります。微妙にずれているようであれば，改めて相談を続け，「しっくりする理想の未来」にしていく必要があります。そうでないと，積極的な行動や変化が起こりにくいからです。「その行動や変化を行う意味・意義」が，クライエントの中で「腑に落ちる」必要があります。

　また相談は「理想の未来の明確化」で終わってはいけません。理想の未来の具体化に向け，今後どう行動するかという「具体的な行動計画（アクションプラン）の作成」と，そのフォローアップまで行う必要があります。その際，「行動を阻害するもの，促進するもの」の確認とその対策まで行ってお

30　第1章　はじめに

くのが安心だと思います。相談のゴールは「相談室内で支援者が満足すること」ではなく，「相談室外で被支援者がいかに理想の未来に向かって具体的に歩んでいけるか」だと考えています。

4. クランボルツについて

　ここで少々唐突ではありますが，この後の章でも多く取り上げられるであろうクランボルツ（Krumboltz, J.D.,1928-2019）について，略歴と理論・技法の解説をごく簡単に加えたいと思います。

　クランボルツは 1928 年にアメリカのアイオワ州で生まれます。何の気なしに普段通らない道を自転車で通りかかった時に，幼稚園で別れた友人に偶然再会し，友人のお姉さんが誕生日プレゼントでもらったけれど使わなくなったテニスラケットで一緒にテニスを始め，2 人とも高校時代には別々の高校で試合で活躍するほどのテニス選手になり，大学に入学して迷っていた専攻をテニス部のコーチに相談したところ，コーチが専攻した心理学を勧められたために，心理学を学び始めます（テニスのコーチは心理学の教員だったそうです）。

　やがて教員養成大学とコロンビア大学で心理学の修士号を取得した後，ミネソタ大学で博士号を取得。その後，父親の要望でアメリカ空軍の施設でリサーチサイエンティストの仕事をし，さらにミシガン州立大学で教育心理学を教えるようになります。さらにのちになってガイダンスカウンセリングのパイオニア H・B・マクダニエルからスタンフォード大学にリクルートされるのですが，本人の理論同様「偶然のきっかけ」でキャリアを切り開いてきた人物です。クランボルツはこうした出会いや運に可能性を感じ，標準化されたテストへの依存を極端に嫌っていたそうです（渡部 ,2022）。

　キャリアコンサルタント資格試験合格本や養成講座テキストでしか学んで

いない方にとっては，クランボルツは「計画的偶発理論の人」という認識しかないかもしれませんが，クランボルツはもともと教育分野の「行動カウンセリング」で名を挙げた人で，我が国でも1974年に訳書『行動カウンセリング』が出版されています。やがてキャリアカウンセリング分野で頭角を現し（サビカスも登壇している1996年のアメリカ職業心理学会第2回大会にも登壇しています），1999年に有名な「計画的偶発性理論」を提唱し，さらに2009年には改めて「偶発的学習理論」を展開しています。

　クランボルツの弟子であり同僚でもあったジェラットはキャリア分野の意思決定理論で有名ですが（実はジェラットのほうが1つ年上ですが，無二の親友であり，テニス仲間でもあったと言います），クランボルツはジェラットと相互に影響を与え合いながら「クライエントの職業選択・人生選択などの行動選択は，クライエントの過去の学習の結果である」という認識を持っていました。すなわちクライエントが自分に合った職業や人生を選択するには，その目標に合った適切な行動を学習しなければならないという認識です。

　偶発的学習理論では，

①　キャリアカウンセリングのゴールは，クライエントがより満足できるキャリアと私生活を達成するために行動することを学ぶことを手助けすることである。
②　アセスメントは，個人的な特徴を職業適性とマッチさせるのではなく（注；下線は筆者による強調），学習を刺激するために用いられる。
③　クライエントは，有益な「計画されていなかったイベント」を生成するための方法として冒険的行動をすることを学ぶ。
④　カウンセリングの成功は，カウンセリングセッションの外にある現実世界においてクライエントが遂行したことによって評価される。

というように，カウンセリングの目標と評価を「学習と行動」レベルで明記

しています（渡部，2022）。キャリアカウンセリングとは「適切な行動をすることを学ぶ」ものであるという，クランボルツの主張です。この主張の影響を受けた欧米の研究者・実践家は，想像以上に数多くいるというのが個人的な印象です。

　なお我が国でのクランボルツ関係の書籍としては，クランボルツ自身が書いた上記のクランボルツ・ソールセン（1974），クランボルツ・レヴィン（2005），バビノー・クランボルツ（2014）のほか，諸富祥彦（2009）『偶然をチャンスに変える生き方──最新キャリア心理学に学ぶ「幸運」を引き寄せる知恵』や海老原嗣生（2017）『クランボルツに学ぶ夢のあきらめ方』などの本があります。クランボルツは「仮に1つの夢を諦めざるを得なかったとしても（あるいは今現在，夢がなかったとしても），好奇心や偶然のきっかけ，柔軟性などを生かして行動することで，新たな夢を作ることができる」という前向きな姿勢を提供する支援を行う実践家・研究者だと言えると考えています。

　実はクランボルツのこの考えは，スーパーのキャリア発達理論以降「全ての人が順調にキャリア発達をしていくわけではない」と批判して出てきたトランジション理論（シュロスバーグ，ブリッジズ，ニコルソンなどのほか，広義にはキャリア・アンカー理論のシャインやバウンダリーレス・キャリアを提唱したアーサー，シャインの弟子でプロティアンキャリアを提唱したホールなども含まれます）に大いに影響を受けたのではないかと考えています。実際，トランジション理論の各提唱者はクランボルツと同年代の方々です。

　トランジションの考え方については，クランボルツを含めて金井（2010）がいくつかの学説を紹介していますので，参考になるのではないかと思います。

　またクランボルツの生涯にわたる研究については，吉川（2018）のほか榎本（2018）などが詳しいので，気になる方はご参考にしてみてください。

5. まとめ

a 行動と変化を促す必要性とテクニック

　学校を卒業して就職する場面や離職・転職せざるを得ない場面に限らず，例えば仕事の変化（異動・転勤・会社の制度変更など）や生活の変化（結婚・出産・育児・介護など）によりクライエントの置かれた状況に変化が生じれば，これまでの行動にも変化が必要になる場合もあります。グローバル化して競争や変化が激しくなり，転職も企業の盛衰も増加している近年では，その頻度が過去に比べて大きく増えています。

　人はつい短期的な「今」の視点のみで人生を見がちで，つい「これまでの行動ややり方」に固執してしまいますが，それが時代や状況に適合していれば良いものの，適合しなくなってもなお継続している場合があり得ます。そうした時には時代や状況に応じて個人も変化する必要がありますが，自分自身ではなかなか変われないと相談に来るクライエントに対して，行動と変化を支援するカウンセリングが重要となると考えています。そして行動と変化は，心理相談室の中で行われるものではなく，実際の仕事・生活場面で行われるというところに注意が必要です。

　行動と変化を促すテクニックとしては，「クライエントの現状を客観的に把握してもらう」「クライエントの理想の未来を具体的に考えてもらう」「理想の未来の実現に必要な行動や変化を具体化する」「行動や変化を阻害するもの，促進するものを明らかにし，具体的な対策を取る」などの方法があります。行動や変化をクライエントの精神論的努力に任せないことが，カウンセラーなど支援者として重要な視点だと考えています（図1-1）。クライエントに精神論的努力を語らせるのではなく，現在の行動や環境をどう変えるかを語ってもらう工夫が必要です。

34　第1章　はじめに

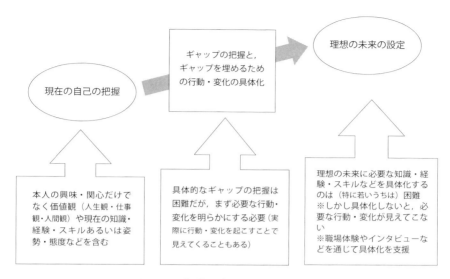

図 1-1　行動と変化を促す概念図

　なお，近年では（欧米では 1990 年から 2000 年代にかけて，我が国では 2000 年代以降に）医療・福祉の分野では「動機づけ面接（Motivational Interviewing）」という技法が導入され，「対決技法から行動の変化の支援へ」と考え方が変わってきたことが示されています（ミラーとロルニック，2007；2012 ほか）。「変わりたいけど，変わりたくない」というクライエントのアンビバレントな気持ちや行動を認め，「変わりたいという気持ち」「変わろうとしている努力」などクライエントのポジティブな面を選択的にコンプリメントする同技法なども，皆さんの実践の参考となるかもしれません。

b　支援者は自分を信じすぎない（正しいと思いすぎない）ことも大切

　ある日学生に「自分の人生は自分で選択したいよね」と聞いたら，あまり納得していない学生が少なからずいました。改めて「自分の人生は自分で選

5．まとめ　　35

びたいか，人に決めてもらいたいか」と聞いて手を挙げてもらったところ，多数ではないですが少なくない学生が「人に決めてもらいたい」ほうに手を挙げていました。曰く「自分の選択に自信がない」「自分で選択して失敗してきた」「親の選択に従って，成功した」など理由はそれぞれですが，そういう学生もいるのです。

　また職業カードソートなどを使って「やりたい仕事」を選ばせる際，多くの学生は「やってみたい」「興味がある」仕事から選択しますが，少数の学生は「やりたくない」「興味がない」仕事を除いて消去法で選びます。積極的にやりたい仕事がない場合もありますし，「やりたくない／興味がない仕事」への拒否感が強い場合もあります。

　都会の大企業を選好する学生もいれば，地元の中小企業を選好する学生もいます。業種で選ぶ学生もいれば，職種で選ぶ学生もいます。

　クライエントに理想の未来を語ってもらい，理想の未来に向けた行動を起こしていくためにも，自分の理想を押し付けるのではなく（それは無意識に起こります）しっかりクライエントの理想を聞き取ることが重要です。そうでないと自律的な行動が起こりにくいからです。

c　この章のまとめ

　この章の説明で，クライエントに行動と変化を促す意義や必要性と，いくつかのテクニックあるいはフォローアップの必要性（重要性）について，ある程度ご理解いただけたかと思います。

　本書ではこうした「行動と変化を促す」支援について，現代の日本の状況に合致した実践を行うのに向けて，理論面・実践面の両面から具体的に考えていきたいと思っています。以降の章では，各執筆者の専門分野を踏まえて理論面・実践面それぞれから「行動と変化を促すキャリアカウンセリングあるいはガイダンス論」が語られます。重複した部分もあると思いますし，対立あるいは矛盾した点もあるかもしれませんが，そこは各執筆者の責任で書

かせていただいていますので，ご容赦いただければ，と考えています。読者各自のご知識やご経験，ご判断によって必要に応じて内容の取捨選択をしていただければ，と考えています。

半澤（2023）は（クランボルツの Happenstance Learning Theory に関連してですが）「日本においてはこのテーマに関する研究の蓄積は十分であるとは言えない現状にある」と厳しく指摘しています。ぜひ今後，行動と変化を支援する皆さんの研究や実践について，どこかの場で情報・意見交換ができれば，と考えています。

【引用文献】
1）マーク・L・サビカス（著）日本キャリア開発研究センター（監訳）乙須敏紀（訳）（2015）サビカス キャリア・カウンセリング理論──〈自己構成〉によるライフデザインアプローチ　福村出版
2）ラリー・コクラン（著）宮城まり子・松野義夫（訳）（2016）ナラティブ・キャリアカウンセリング──「語り」が未来を創る　生産性出版
3）Peavy, R.V. (2004) *SocioDynamic Counselling A Practical Approach to Meaning Making-* Taos Institute Publications; Ohio.
4）渡部昌平（2023）キャリア相談に来た学生の意識・行動を継続させるフォローアップの必要性と課題　日本キャリア教育学会第45回研究大会論文集, 56-57.
5）渡部昌平（2024）行動と変化を促すキャリアカウンセリングの実践に向けた探索的研究　日本キャリア・カウンセリング TODAY, *7&4*, 1-6.
6）渡部昌平（2012）目標設定を学生任せにする問題点について　日本教育カウンセリング学会第10回記念研究発表大会発表論文集, 68-69.
7）下村英雄, 髙野慎太郎（2022）グリーンガイダンス──環境の時代における社会正義のキャリア教育論　キャリア教育研究, *40*, 45-55.
8）労働政策研究・研修機構（2014）中小企業と若年人材──HRM チェックリスト, 関連資料, 企業ヒアリングより採用, 定着, 動機づけに関わる要因の検討　JILPT 資料シリーズ No.134, 独立行政法人労働政策研究・研修機構
9）労働政策研究・研修機構（2017）若年者の離職状況と離職後のキャリア形成（若年者の能力開発と職場への定着に関する調査）　調査シリーズ No.164, 独立行政法人労働政策研究・研修機構
10）ビル・バーネット, デイヴ・エヴァンス（著）千葉敏生（訳）（2017）ライフデザイン──スタンフォード式最高の人生設計　早川書房
11）J・D・クランボルツ, A・S・レヴィン（著）花田光世, 大木紀子, 宮地夕紀子（訳）（2005）

その幸運は偶然ではないんです！　ダイヤモンド社
12）ハイディ・グラント・ハルバーソン（著）児島修（訳）（2013）やってのける──意志力を使わずに自分を動かす　大和書房
13）タル・ベン・シャハー（著）成瀬まゆみ（訳）（2010）ハーバードの人生を変える授業　大和出版
14）ジェイン・マクゴニガル（著）武藤陽生，藤井清美（訳）（2015）スーパーベターになろう！──ゲームの科学で作る「強く勇敢な自分」　早川書房

【参考文献】
ノーマン・アムンドソン（著）高橋美保（監訳）石津和子（訳）（2018）キャリアカウンセリング──積極的関わりによる新たな展開　誠信書房
N・E・アムンドソン，G・R・ボーネル（著）河﨑智恵（監訳）（2005）キャリア・パスウェイ──仕事・生き方の道しるべ　ナカニシヤ出版
ライアン・バビノー，ジョン・クランボルツ（著）増田沙奈（訳）（2014）一歩踏みだせば昨日と違う自分になれる！　日本文芸社
海老原嗣生（2017）クランボルツに学ぶ夢のあきらめ方　星海社
榎本和生（2018）クランボルツ博士が懸念するキャリアカウンセリング問題の解決を試みる　多摩美術大学教育研究, *1*, 5-24.
ノーマン・C・ガイスバーズ，ジョセフ・A・ジョンストン，メアリー・J・ヘプナー（著）日本ドレーク・ビーム・モリン株式会社ライフキャリア研究所（訳）（2002）ライフキャリアカウンセリング──カウンセラーのための理論と技術　生産性出版
サニー・S・ハンセン（著）平木典子，今野能志，平和俊，横山哲夫（監訳）乙須敏紀（訳）（2013）キャリア開発と統合的ライフ・プランニング──不確実な今を生きる6つの重要課題　福村出版
半澤礼之（2023）特集 キャリア教育における Happenstance Learning Theory　キャリア教育研究, *42*, 1-2.
本田由紀（2021）「日本」ってどんな国？──国際比較データで社会が見えてくる　筑摩書房
金井壽宏（2010）キャリアの学説と学説のキャリア　日本労働研究雑誌, No.603, 4-15.
榧野潤（2007）職業相談におけるカウンセリング技法の研究　労働政策研究報告書 No.91
クルンボルツ，ソールセン（著）沢田慶輔, 中沢次郎（訳編）（1974）行動カウンセリング　誠心書房
ウイリアム・R・ミラー，ステファン・ロルニック（著）松島義博, 後藤恵, 猪野亜朗（訳）（2012）動機づけ面接法 応用編　星和書店
ウイリアム・R・ミラー，ステファン・ロルニック（著）松島義博, 後藤恵（訳）（2007）動機づけ面接法 基礎・実践編　星和書店
諸富祥彦（2009）偶然をチャンスに変える生き方──最新キャリア心理学に学ぶ「幸福」を引き寄せる知恵　ダイヤモンド社
McMahon, M. & Patton, W.（2006）*CAREER COUNSELLING Constructivist Approaches*. Rout-

ledge; NY.

野淵龍雄（2008）スーパー, D. E. の後に来るもの──サヴィカス, M. L. とコフラン, L. に着目して　キャリア教育研究, *27*(1), 9-14.

ダニエル・ピンク（著）池村千秋（訳）（2023）THE POWER OF REGLET──振り返るからこそ, 前に進める　かんき出版

Pryor, R. G. L. & Bright, J.（2003）The Chaos Theory of Careers. *Australian Journal of Career Development, 48*(4), 4-12.

デイビッド・B・ローゼングレン（著）原井宏明（監訳）岡嶋美代, 山田英治, 望月美智子（訳）（2013）動機づけ面接を身につける──一人でもできるエクササイズ集　星和書店

渡部昌平（2022）キャリア理論家・心理学者77人の 人物で学ぶキャリア理論　福村出版

渡部昌平（編著）下村英雄, 新目真紀, 五十嵐敦, 楡野潤, 高橋浩, 宗方比佐子（著）（2015）社会構成主義キャリア・カウンセリングの理論と実践──ナラティブ, 質的アセスメントの活用　福村出版

吉川雅也（2018）社会的学習理論のコンテクストにおけるハプンスタンス理論の理解──キャリア形成への Happenstance Learning Theory の適用　関西外国語大学研究論集, *108*, 119-136.

第 2 章

実践のための理論的枠組み

吉川　雅也

1. 行動と変化を支援するために

a 行動を支援するということ

　キャリア支援ではクライエントに寄り添い話を聴き，その人を理解しよう
とすることはとても大切です。クライエントが前に進む力を取り戻す，その
助けになるからです。一方で具体的な目標を一緒に考え，そのための行動を
後押しすることも大切です。行動によって現実世界のキャリアが前に進むか
らです。

　しかし行動を支援しようとしたとき，「もう少し話を聴いた方がいいだろ
うか」，「行動を強制することにならないか」と迷うことはないでしょうか。
ロジャーズが大切にした一致という観点からは「そろそろ目標や行動の話を
してもいいように感じていますが，まだ早い気がしますか？」と率直に尋ね
てもいいでしょう。とはいえ，いつも行動支援をためらってしまうのも考え
ものです。

　一方，管理職や人事職で部下指導や育成の経験がある方は行動を促すこと
にあまり抵抗がないように感じます。しかし現実には行動計画が実行されな
いことも多々あります。「どうして動いてくれないのか」と落胆することも
あるでしょう。期待という字は時期を待つと書きますから，焦らず待つこと
も支援者の仕事です。しかし待っているばかりで良いのかという逡巡もある
でしょう。

　このように行動や変化を支援することは重要ですが，そのタイミングや介
入の方法は難しいものです。そこで本章ではクランボルツ博士にフォーカス
して，行動や変化に関わる理論の理解を通して行動支援のタイミングや方法
を考えていきます。行動カウンセリングや社会的学習理論，そしてハプンス
タンス学習理論といったクランボルツの研究を読み解いていくことで，行動

42　第2章　実践のための理論的枠組み

や変化を支援することの意味が理解でき，それが支援者のとまどいや気落ち
を減らし，行動につながる実践の工夫へのヒントにもなるからです。

b クランボルツ博士の解像度を上げる

　クランボルツといえばハプンスタンス学習理論を思い浮かべる人が多いで
しょう。キャリアとは偶然によって作り上げられていくもので，必ずしも計
画は必要ないのだという理論は他の理論に比べてユニークです。私自身がこ
の理論を知ったのは，自分自身のキャリアに悩んでいた時期でした。方向性
が見出せない自分を受け入れられたような感覚になり，しばらくの間，私の
中でクランボルツは，来談者中心療法を唱え受容や共感的理解を重んじたロ
ジャーズに重なるものがありました。行動や変化を積極的に促すようなとこ
ろとはほど遠い人のようにも思えます。

　ですがクランボルツは行動主義の実践者・研究者として行動や変化に重き
を置いてきた人で，広義の認知行動療法家です。クランボルツのキャリア支
援の動画や逐語録を見れば，クランボルツが認知行動的な関わりをしている
ことがよくわかります。たとえば将来の方向性を迷う学生には，過度に共感
しすぎずに行動の重要性を説き，ポジティブな視点を持たせるリフレーミン
グを実践しています[1]。人間関係で悩む人とのカウンセリングでは行動計画
について話し合ったあと，それがいつ実行できるかを確認し，その結果をい
つまでにメールで報告してくださいと踏み込んで話しています[2]。計画は必
要ないとして安心感を与えながらも，やるべきことはやるように促していく。
クランボルツがそうしているのだと思うと，行動を支援することへの抵抗も
少し減るはずです。

　クランボルツはハプンスタンス理論で大切なこととして，「カウンセリン
グの成否は，クライエントがカウンセリングセッション以外の現実世界で成
し遂げたことによって評価される」としています[3]。キャリア支援の面談や
セミナーも大事ですが，それで満足していてはいけないということです。私

1. 行動と変化を支援するために　43

たち支援者が一人のクライエントに対して面談や研修などで週に1回1時間ほどの関わりがあるとして，1週間168時間のうちのたった1時間です。残り167時間のほうが圧倒的に多いわけです。睡眠や食事などの生活時間を除いたとしても100時間程度はあります。つまり面談の100倍の時間をクライエントは支援者とは別で過ごすわけです。そこで行動ができるように支援することがいかに大切であり，そしていかに難しいか。簡単にできることではないかもしれませんが，さりとてそれをやるのが私たち支援者の仕事なのです。

c 行動主義，学習理論，社会的学習理論のおさらい

クランボルツは行動主義からそのキャリアをスタートさせましたが，キャリアの意思決定に関する社会的学習理論をまとめた研究者であり，ハプンスタンス学習理論の提唱者でもあります。これらの理論の関係性を整理しておきます。

まず心理学の行動主義を簡単に言えば，人間の内面の思考や感情は観察できないため，目に見える人間の行動を研究しようとした立場です。その際，行動が増減したり変化したりするのは人間の内面で変化が起きたからだとします。この変化は永続的なもので学習と呼ばれます。人は学習によって行動が変わるとの認識のもと，学習のプロセスを研究したものが学習理論です。人は刺激を受けたり何かを経験したりすることで思考パターンや行動パターンが変化します。このメカニズムを利用して人の行動に介入できるわけですが，不安を和らげなければ変化が起こらず定着しません。そこで不安に徐々に慣れていく系統的脱感作などの対処法も開発されました。

学習理論はパブロフの犬やスキナーボックスのねずみに代表されるように動物の実験から発展していきましたが，やがて人間が社会のなかでどのように学習していくのかという研究が出てきます。これが社会的学習理論で，代表的な研究者はバンデューラです。人は模倣や観察によって学習していくこ

と，またその際には自己肯定感が重要なことなどが示されました。

　社会的学習理論が登場した中でクランボルツは，人はキャリアの意思決定方法やその基準をどのように身につけていくのかに注目し，遺伝的要因，環境要因，学習経験，課題アプローチスキルの 4 つが影響しているとしました。キャリアの意思決定における社会的学習は，人がキャリアに関する行動をするうえで基本的な前提です。キャリア支援者が適切に理解しておくことで，クライエントがより良いキャリアを歩むための変化をサポートできます。

　その後，クランボルツは計画的偶然理論（後のハプンスタンス学習理論）を発表します。ハプンスタンス学習理論は計画よりも偶然のチャンスを活かすことを重視しており，それまでの行動や学習の理論とは断絶があるように感じるかもしれません。ですがハプンスタンスの本質はさまざまな行動の中で偶然のチャンスを見つけること，そしてチャンスを活用して学習経験を繰り返すことを意図しており，行動主義や学習理論とも連続した概念です。

2. 行動カウンセリング

a 行動科学によるカウンセリングの革命

　クランボルツらは 1966 年に『カウンセリングの革命——行動カウンセリングの理論』と題した書籍を発行しました（邦訳版は 1970 年発行）。スタンフォード大学で開催された学術会議での講演録で，カウンセリングや職業指導での行動主義の導入例や理論的説明がテーマです。クランボルツ自身は職業ガイダンスに活用できる方法として 4 つのアプローチを紹介しています。古い研究ですが，現在のさまざまな手法の礎でもありますので，紹介しておきます。

　1 つめはオペラント学習による強化です。例えば就職活動に取り組めない学生が何か少しでも行動を起こせたとき，その行動を褒めるなどポジティブ

なフィードバックを与えて，次の行動を起こしやすくすることが強化です。強化の観点からクライエントの感情に共感することの留意点も指摘されています。例えば，「進路をどうやって決めれば良いかわからなくて不安です。何から始めればいいかわかりません」といったクライエントの言葉に，皆さんだったら何と返すでしょうか。共感的に聴くなら「不安に感じているのですね。詳しく教えてください」と言いたくなりますが，これは不安を肯定して強化することになるというのが行動主義の立場です。「何から始めれば良いかを知りたいのですね」と今後の行動にフォーカスした応答をすれば，その後のやりとりも変わるだろうという視点を提示しています。

　キャリア支援ではクライエントに寄り添った対応はもちろん重要ですが，最初のひとことによって方向性が変わる可能性があることはもっと注目されてもいいでしょう。もちろん不安を受け止めることを否定するものではありません。キャリア支援者として，どのような理論や信念に基づき接していくのか。あるいは目の前のクライエントの状況に応じて自分の立場をどう調整していくのか。テキストに唯一の答えがあるわけではなく，さまざまな理論を学んだうえでそれぞれが考えていくことが重要です。そのヒントと考えてください。

　2つめは模倣学習，ロールモデルを持つことです。身近な存在だけでなく，書籍や映像などを通して誰かから学習することもできます。クライエントに合わせて模倣学習になるリソースを紹介することが支援者の仕事になります。自分ならクライエントにどのような模倣学習を促せるか，考えてみてください。

　3つめは認知的学習，代表的なものはロールプレイングです。就職活動の相談でよく行う模擬面接もこれにあたります。ロールプレイングの亜種に，特定の状況で自分の役割を意識して変えるロールシフトという方法もあります。上司に意見が言いづらいというクライエントに，上司と話すときだけ理路整然と話す，論理的な自分になりきるようなものです。たとえばエゴグラ

46　第2章　実践のための理論的枠組み

ムの自己理解を併用して，5つの自我状態のうち，冷静で客観的な状態を示すＡ（Adult）を意識して行動することを検討したり，ロールプレイングで試したりすることもできるでしょう。

4つめが感情的学習，これはウォルピらの系統的脱感作のことです。不安と安心は同時に感じ得ないことを利用して，不安を感じるものとリラックスできるものを同時に示し，不安を徐々に減らしていきます。就職活動に不安を抱える学生が面談に来たら，この場に来たことが素晴らしいと伝えて安心してもらい，次のステップとして学内のガイダンスに参加することを一緒に考えてみるといったものです。それができれば学外の説明会などが次のステップになります。面談の初回はクライエントを安心させるために雑談を中心にして，次の予約を入れて面談を終了するというケースも，面談に来たことを第一歩として，続けて面談に来てキャリアを考えることにチャレンジしており，脱感作になります。初回が雑談中心で終わったとき，これで良かったのかと思うかもしれませんが，リラックスした時間になっていて，次のステップの話ができていれば行動主義の観点からも理にかなったものだといえます。

これらは1960年代の古い書籍の内容で，行動主義のごく基本的なアプローチを紹介しているにすぎません。ですが内容を理解すれば日頃から経験的に行っている支援を理論的に整理し，さらに応用方法を考えることもできます。

クランボルツらはこの書籍を通して，従来のカウンセリングに行動主義を導入することを提唱し，これを革命と呼びました。現在では行動主義や学習理論はカウンセリングの一部になっており，キャリア支援でもさまざまな手法のベースになっています。その端緒がこの時代だったのです。

b 行動と学習に焦点をあてる

さて，この書籍で特に注目したい言葉を紹介しておきます。「カウンセラー

は来談者の問題を学習の問題として考えるべきである」という言葉です。

　クライエントがキャリアに関する行動を起こせないとき，それを意欲や努力の問題のように感じることはないでしょうか。このご時世ですから，さすがに「根性がない」や「最近の若者は自分から動けない」といった言い方をする人はいないと思いますが，ひと昔前の厳しい時代を生き抜いてきた社会人なら，心の奥底にそうした言葉が浮かぶことはあるかもしれません。ですが，こうした思考は無意識のうちにクライエントのことをネガティブに見てしまうことにつながります。そうした姿勢ではクライエントに寄り添った支援が難しくなるかもしれません。

　クライエントの問題を学習の問題として考えれば，「クライエントはこれまで，その行動をうまくやるための学びの機会がなかっただけで，準備やトレーニングをすればできるようになる」という思考になります。そうすることで単にクライエントを非難するだけで終わるのではなく，行動ができるようになるための対策を考える方向に頭を切り替えることができます。

　私自身の経験ですが，キャリア教育のイベントで大学生を集めて企業を訪問し，研修室でワークショップを実施してもらったことがありました。冬の寒い時期で，学生は部屋の中でもコートを着ていたり，机の上にまるめて置いたり，膝の上に置いたり，あるいは床に置いたりと，社会人なら眉をひそめてしまうような状況でした。そこで休み時間にコートの置き方の例として，裏返して袖の部分を中に折り込んで半分に畳み，椅子の背もたれに掛ける方法があると伝えたところ，次の時間からは全員がコートを折りたたんで置いてくれていました。つまり学生のマナーや社会性の問題ではなく，単にコートの置き方を学習する機会がなかっただけだったのです。さらにいえばそれを教えておかなかった（学習機会を提供しなかった）担当教員である私の責任ともいえます。

　それ以来，クライエントの行動がよくないと感じたとき，性格や人柄，努力や根性といった内面から切り離して，知識や技能を持っているかどうかの

問題ではないのかと考えるようにしています。

c 行動カウンセリングの展開

その後，クランボルツはソールセンとともに 1968 年に『行動カウンセリング』を発表します（邦訳版は 1974 年出版）。行動カウンセリングの基本的な考え方として，目標や行動計画はクライエントが望むもので，かつ支援者がその目標の達成を援助しようという気持ちを持っていること，そして達成の程度を測定できることが必要で，クライエントに合わせてさまざまな技法を用いて支援し，うまくいかなければやり方を変えることが大切だと述べられています。これはキャリア支援を行う際に当り前に理解して実施していることですが，実はこの時代の行動カウンセリングのスタンスからつながっていることでもあります。

前述の『カウンセリングの革命——行動カウンセリングの理論』では理論的な説明が主で実践的な観点が少ないとの意見もあったことを受けて，本書は行動カウンセリングの具体的な実践例を数多く紹介しています。具体的には強化と消去，目標設定，ロールプレイング，社会的モデリング，系統的脱感作，シミュレーションなど，数々の手法が説明されています。行動療法の基本的な手法であるため詳細の説明は割愛しますが，クランボルツは研究の中で実践的なガイドラインを提示することを重視していました。支援者が実践という行動につながるようにとの意図で，行動カウンセラーならではの視点ともいえます。これは社会的学習理論やハプンスタンス学習理論など，その後の研究でも一貫している特徴です。

3. 社会的学習理論

a キャリアの意思決定に関する社会的学習理論

クランボルツは 1979 年に 'Social Learning Theory of Career Decision Making: SLTCDM' と題した論文を発表します。キャリアの意思決定は一人一人の生まれ育った環境やさまざまな経験，そこで培った行動や思考のパターンなどによって形成されることを包括的に論じたものです。これを理解することでキャリアの意思決定を変化させることができる，つまり学習によってキャリアの方向づけをより良いものにしていく支援ができます。

b 遺伝的要因

キャリアの意思決定には 4 つの要素が影響しているとされています。1 つめは遺伝的要因で，生まれ持っての性格などによってキャリア選択の判断や方向が変わります。自分では変えられないため受け入れるしかないものです。

ですがそれで終わらせず，遺伝的要因の意味を踏み込んで考えておきます。それは遺伝的要因が異なると同じ経験でも得られることが異なりますし，同等のスキルを身につけるための必要な時間も異なるということです。例えば部下や後輩を同じように指導しても同じように身につかなかった，といった経験はないでしょうか。この違いを本人の努力や真面目さに求めるのではなく，元々の要因の違いの影響もあると考えることも大切です。一人一人に違いがあることを理解していれば，結果だけを見てジャッジするのではなく，それぞれにどのような対応が必要なのか冷静に考えられるようになります。

c 環境要因

2 つめは環境要因です。1979 年の研究では一つの区分ですが，後述する

50　第 2 章　実践のための理論的枠組み

2009年の論文では親・養育者，友達，教育環境，不完全な世界（社会的公正が実現していない世界）など，より具体的になっています。

　人は生まれ育ってきた家庭や社会の構造，世の中の出来事からも影響を受け，キャリア選択が変わってきます。遺伝的要因と同様に変えることができないものですが，ここも具体的に理解しておきましょう。近年でいえばコロナ禍で個々人のキャリアが影響を受けたこと，AIの発展により仕事のあり方が変化していくことなどがこれにあたります。このような本人の努力や意図と関係のない出来事の影響によりクライエントが課題を抱えていたり，異なる世代からは理解しづらい考え方を持っていたりする可能性もあります。「最近の若者は何も知らない」「普通はこうするだろう」などといった言葉が思い浮かぶくらいは誰しもあるかもしれませんが，生まれ育った環境が違えば常識や普通が異なることを思い出して，適切な言葉かどうかを振り返りたいものです。

　このように環境要因は前述の遺伝的要因と同様，本人の意思や努力と関係なくキャリアやキャリアの意思決定スタイルに影響を与えます。昨今注目されている社会正義の観点からもよく理解しておきたいところです。特に努力や苦労をしてキャリアを積み重ねてきた人は，努力をしてきた自負もあり，結果が出ない人に対して努力不足のように感じることがあります。ですが努力ができることも遺伝的要因や環境要因に左右されるのです。

d 連合的学習経験

　3つめは学習経験です。人はさまざまな経験から学びや反省を得て変化します。これらが学習経験です。学習経験もキャリアの選び方に影響を与えます。

　学習経験には2つのタイプがあります。1つめが連合的学習経験です。理論的には古典的条件づけに由来するものです。パブロフの犬がおなじみですが，エサを見せるとよだれが出るという生理的な反応（無条件反射）が起こ

る際，ベルを鳴らすというトリガー（条件刺激）を同時に発生させ，ベルの音を聞くとよだれが出る（条件反射）ように条件づけを行います。本来は無関係だったベルと唾液が結びつく（連合する）ところがポイントです。

　キャリアの意思決定における連合的学習としては，観察学習と古典的条件づけの２つが挙げられています。観察学習は他者の観察から学ぶものですが，実在の人物だけでなく架空の人物，また書籍や人の話を通して直接関わりのない人から学ぶこともあります。例えば家の近くに新しくオープンした公立図書館でヘレン・ケラーの伝記を読んだことがきっかけとなって医療職を目指すようになるという例が挙げられています。以前は中立的な印象だった医療職が伝記本によって良いイメージに結びついたわけです。1979年の論文ですが，家の近くに公立図書館ができたという偶然から医療職に出会う事例にハプンスタンス概念の萌芽を感じることができます。それまで知らなかったことに触れるには多かれ少なかれ偶然の要素が必要ですし，結果がわからなくても行動する姿勢が不可欠です。連合的学習の概念と新しい行動の重要性もまた，計画よりも行動を重視するハプンスタンス学習の概念に結実していったのだと私は理解しています。

　なお，計算が苦手な人が「自分は会計の仕事には向いていない」と考えるように，他者の観察が発生していない状態で，自分の中で何かと何かを結びつけることも古典的条件づけに近い連合的学習とされています。しかしその後の研究では連合的学習は基本的には観察学習だと考えられるようになっています。

e　道具的学習経験

　もう一つの学習経験が道具的学習経験です。これは理論的にはオペラント条件づけ（道具的条件づけ）に由来します。スキナーの実験は，レバーを押せばエサが出る仕組みを使ってねずみの学習を研究しました。ねずみはレバーを押せばエサが出るということを偶然経験し，それが学習（強化）となっ

52　　第2章　実践のための理論的枠組み

て，レバーを押すことを覚えます。

このオペラント条件づけと前述のレスポンデント条件づけ（古典的条件づけ）の違いは，主体が自発的に行動しているかどうかです。オペラント条件づけは主体（ねずみ）がレバーを引いたことが学習につながりますが，レスポンデント条件づけでは犬は自分からは行動を起こさず，エサやベルという刺激を与えられて学習が成立しています。

オペラント条件づけには4つのパターンがあります。1つめは良い行動を褒めて同じ行動を促すようなもので，これを「強化」といいます。2つめは悪い行動をしたときに叱ってやめさせるようなもので，「罰」といいます。いわゆる「飴と鞭」だと考えるとわかりやすいでしょう。

ここまでの「強化」と「罰」という言葉は，それぞれ「正の強化」と「正の罰」という言い方もあります。わざわざ「正」という言葉をつけて，しかも「正の罰」という直感的にはわかりづらい言葉を使うのは，残りの2つのパターンである「負の強化」と「負の罰」を区別するために必要だからです。

言葉の整理をしておきますと，まず，刺激には報酬にあたる「好子」と罰にあたる「嫌子」の2つがあります。その刺激を与えることを「正」，刺激をなくすことを「負」と表現します。その結果，行動が増えることを「強化」といい，行動が減ることを「罰」または「弱化」といいます。

刺激の種類（好子・嫌子）と刺激の状態（正・負）で結果のマトリクスを作ると表2-1のようになります。「罰」は別の呼び方である「弱化」と呼んだほうが「強化」との対比で理解しやすいでしょう。

テキストなどでは刺激を与えるか取り去るか，行動が増えるか減るかの2軸でまとめられていることが多く，その場合は表2-2のようになります。このあたりはオペラント条件づけを理解する際に混乱しやすい箇所ですが，用語を押さえておくとよいでしょう。

さて，キャリアの意思決定に関する社会的学習では，自分の行動の結果に対する刺激（報酬や罰）が道具的学習経験となり行動量が増減します。小論

表 2-1　オペラント条件づけのマトリクス（刺激の種類と状態）

	刺激を与える（正）	刺激をなくす（負）
報酬（好子）	正の強化 報酬を与える＝行動強化 例：褒める，ご褒美を与える	負の罰（負の弱化） 報酬をなくす＝行動弱化 例：ご褒美を取り上げる
罰（嫌子）	正の罰（正の弱化） 罰を与える＝行動弱化 例：叱る，罰を与える	負の強化 罰をなくす＝行動強化 例：叱ることをやめる

表 2-2　オペラント条件づけのマトリクス（刺激の状態と行動の増減）

	行動が増える（強化）	行動が減る（弱化・罰）
刺激を与える（正）	正の強化（好子出現） 例：褒める，ご褒美を与える	正の弱化・罰（嫌子出現） 例：叱る，罰を与える
刺激をなくす（負）	負の強化（嫌子消失） 例：叱ることをやめる	負の弱化・罰（好子消失） 例：ご褒美を取り上げる

文の課題に懸命に取り組んだ（自分の行動）結果，課題の内容を褒められ（報酬），より意欲的にレポート課題に取り組むようになる（行動の増加）といったことです。これは正の強化です。

　「道具的」という言葉が感覚的にはわかりづらいかもしれませんが，オペラント条件づけに遡って考えるとよいでしょう。スキナーの実験では，ねずみはレバーを押せばエサが出るスキナーボックスという「道具」によって学習しました。行動というインプットによって報酬や罰というアウトプットが出てくるシステム，つまり道具です。前述の例でいえば，小論文を書くというインプットによって褒められるというアウトプットが出てきて，それが学習経験となりました。例えるなら，自分の行動というコインを入れるとプラスかマイナス（報酬か罰）のカプセルが出てくるガチャガチャ機（道具）によっ

表 2-3　就職活動で見られるオペラント条件づけの例

正の強化	筆記試験対策をすると点数がアップして選考に通過できた。それ以降，対策勉強を続けるようになった。 行動 → 良い結果 → 行動増（好子出現による強化）
負の強化	面接準備をすると不安が減ることがわかり，それ以降，きちんと準備をするようになった。 行動 → 不快な結果の消失 → 行動増（嫌子消失による強化）
負の弱化	夜更かしで寝坊して志望企業の説明会に参加できなかったため，それ以降，夜更かしをやめた。 行動 → 良い結果の消失 → 行動減（好子消失による弱化）
正の弱化	面接で志望度を問われて答えを逸らし，面接官に怪訝な表情をされた。それ以降，面接で答えを逸らすのをやめた。 行動 → 不快な結果 → 行動減（嫌子出現による弱化）

て行動が変化する（学習する）ということです。

　こうした学習はさまざまな場所で見られます。たとえば，就職活動では表2-3 のようなケースがオペラント条件づけにあたります。

　支援者はクライエントがキャリアに関する行動から何らかの結果を得ていると感じたら，その振り返りを行うことで学習の定着に寄与できます。

　ところでこうした学習経験は，行動をする前にはどんな学習が起こるかはわかりません。相手の反応次第という場合もあります。小論文が褒められたという学習経験でも，小論文を書いた段階では褒められるということはわかりませんでした。結果として思いがけず褒められて行動が強化されました。ここにも偶然性，つまりハプンスタンスの要素があります。

　強化された行動は行動回数が増えて積み重ねられていきます。小論文を褒められたことによって文章作成の課題にさらに熱心に取り組み，文章力がさらに向上することが考えられます。これはまさにハプンスタンスを起点として次の学習経験が生まれた，すなわちハプンスタンス学習そのものといえます。

ハプンスタンス学習の概念は急にどこかから降って湧いたものではなく，連合的学習や道具的学習から着想を得て構築された，あるいは再構成された理論だと解釈するのが自然です。ハプンスタンスの理論は面白いけれど，どこか曖昧で場当たり的なものだと感じていた人も多いのではないでしょうか。ですがハプンスタンスの理論は行動主義や社会的学習理論の流れを汲む由緒正しい理論なのです。

f 課題アプローチスキル

4つめの要因が課題アプローチスキルです。一般には意思決定を合理的に行う手順だと説明されていますが，それだけではありません。問題解決や目標設定，あるいは人間関係のトラブル対処パターンなど，さまざまな課題や問題に取り組む際の思考パターンや行動パターンの全てがこれにあたります。人間が行動する際のメカニズムそのものといえます。

また，課題アプローチスキルは前述の遺伝的要因と環境要因，そして学習経験という3つの要因からも影響を受けます。さらに課題アプローチスキルを活用して課題に取り組んだ経験も学習経験となり，その結果も課題アプローチスキルの強化や変化という形で影響を与えます。それらが人のキャリア選択の土台となります。人の行動や選択とは，その人がそれまで生まれ育ってきた環境や，そこで経験した全ての出来事の集大成ということができます。4つの要因の相互関係を示したのが図2-1です。人は人生の中で先天的な要因と後天的な行動や学習の中で，円環的に変化し続けるといえます。

g なぜ行動と変化が重要か

社会的学習理論を理解すれば，この理論が持つ人間観が見えてきます。人は生まれつきの性格（遺伝的要因）や育ってきた環境や時代背景（環境要因）によって方向が決まってくる面もありますが，それが全てではありません。成功や失敗に関係なく，さまざまな経験からさまざまなことを学び（学習経

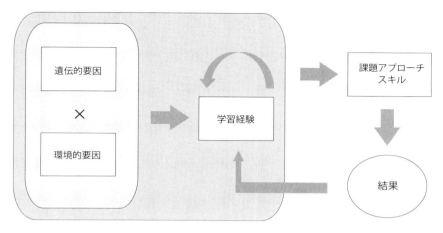

図 2-1　キャリアの意思決定に影響を与える 4 つの要因

験），それが自分の糧となり，自分のスタイル（課題アプローチスキル）を確立させていきます。これを繰り返していくことで知識が増え能力が向上し，キャリアの選択肢も広がっていきます（学習の円環）。こうして長い人生の中でさまざまな経験をすることで，自分のキャリアの可能性が広がっていきます。

　架空事例で考えてみましょう。A さんは生まれつき身体が大きい（遺伝的要因）こともあって小学校のクラスでは中心的な存在で，教師や大人にも物怖じしない生徒でした。親族に海外で働いている人がいた（環境要因）こともあり，高校生になる頃には自分も海外で働くことを視野に入れ，高校の短期留学プログラムに応募しました。留学選考や海外での経験を通して自己表現やコミュニケーション能力を磨いて自分の意見を伝えることが得意になり（学習経験），何か問題があれば話し合って解決しようとするスタイル（課題アプローチスキル）を持つようになりました。就職活動や社会経験を詰んでいく中で，さらにこのスタイルを磨いていきました（学習の円環）。

Bさんは逆のタイプで，勉強は得意だが運動が苦手（遺伝的要因）で，かけっこが遅いことを友達にからかわれることもある内気な生徒でした。生まれ育った地方都市では地元で働く人が多く（環境要因），自分も同じように地元で働くものだと漠然と考えていました。課題や問題に対しては受け身になり，意見を言うより我慢をするというスタイル（課題アプローチスキル）を取り，自分を犠牲にすれば波風を立てずに済んだ経験（学習経験）によって，そのスタイルを強化していきました（学習の円環）。

　さて，もしBさんが高校時代に熱心な英語科の教師と出会い，英語の発音を褒められるような学習経験があれば，その後のキャリアが変わる可能性があります。教師に勧められて英語のスピーチ大会に応募し，その経験を通してさまざまなスキルを身につけていき，目標を立てて準備するスタイル（課題アプローチスキル）を身につけるかもしれません。

　人の遺伝的要因や環境要因を変えることはできませんが，学習経験によってキャリアの可能性を広げることができ，学習の結果として課題アプローチスキルも変化・向上していきます。それがさらにキャリアに影響を与えていきます。キャリアを変えることができるのは学習経験であり，それゆえに行動を支援すること（さまざまな学習を促すこと）は大切なのです。そう信じてクライエントに向き合えば，行動を支援する際の遠慮や躊躇はなくなるでしょう。むしろもっと積極的に行動や学習の機会を持ってもらいたいと思うはずです。

h キャリアカウンセリングにおける学習理論

　1979年のSLTCDMの論文では，学習経験の連続によってキャリアの意思決定スタイルが形成されることが示されましたが，実際にキャリアの課題を抱えたクライエントにどう接するかの視点が不足していました。それを埋めるのが1996年の研究で，さまざまな介入方法を紹介した手引き書になっています。

表 2-4　キャリアカウンセリングにおける個別的・修正的介入の方法

認知的介入	1	ゴールの明確化	ゴール設定についての認知を明らかにする
	2	認知の再構成	ものごとの見方を変える
	3	厄介な信念に対処	論理的な説得と肯定的な声かけ
	4	認知リハーサル	否定的な言葉を肯定的な言葉に変える練習
	5	ナラティブ	自分が自分の物語の著者であることを知る
	6	探索的な読書療法	読書などの観察学習による選択肢の探索
行動的介入	7	ロールプレイング	新しい行動と信念を試す
	8	脱感作	例：不安から就職活動を避けていた学生に徐々にキャリア探索方法に触れさせる
	9	逆説指向	例：働きたくないというクライエントに働かずに生きる方法を調べさせる（それが難しいと気づかせる）
	10	メタメッセージ	例：雑談に真剣に向き合うことでクライエントを尊重していることを暗に示す
	11	ユーモア	深刻な問題を扱う際にユーモアを利用する
	12	思い込みの反証を探す	例：親から教師になれという圧力を感じている学生に親と話すことを促し，学生はそれが誤解だと知る

　介入方法には「発達的・予防的介入」と「個別的・修正的介入」の２つがあります。前者はキャリア教育によって不就労などの問題が起きる前に実

施するアプローチで，ジョブクラブ（グループで仕事探しの方法を学び合うプログラム），さまざまな学習教材の活用，職業体験による就労シミュレーションなどが挙げられています。事前にさまざまな情報提供や教育を行うことでキャリアの行動や学習経験を積み重ねやすくして，キャリアの問題を発生しづらくするものです。

　後者は問題が起きたあとの対処方法で，認知的介入と行動的介入に分けられています。これらの方法の中には専門的なトレーニングが必要なものも含まれていますが，キャリア支援者が実践しやすいものをいくつか紹介します。紹介されている手法の一覧と概要を示したものが表 2-4 です。具体例があったほうがわかりやすいものには例で説明しています。

　認知的介入の 1 〜 4 は目標設定や行動を起こすことへの見方を変える認知的介入です。ゴールや計画が立てられない，あるいは以前のゴールや計画がうまくいかなかった場合にクライエントは不安を感じているかもしれません。ですが不安に共感しすぎるよりは，ゴールや計画がないことは将来にさまざまな可能性がある，完全な計画を立てようと時間を費やすより，次の小さなステップを計画するだけでも十分である，といった認知的介入を行い，クライエントが安心したうえでさまざまな選択肢を検討していきます。キャリアでは計画だけでなく偶然の要素も重要であること，計画を立てないことは将来の可能性を残していることだといったハプンスタンスの概念は，こうした認知的介入の発展形と考えることができます。5 のナラティブはサビカスの研究に触れており，いわゆるキャリア構成的なアプローチを意味しています。

　行動的介入では 7 や 8 が基本的なもので，クライエントが行動を起こすためのトレーニングを行ったり，いくつかの段階を踏んで行動の範囲や量を増やしたりしていく方法です。また 9 や 12 のような少し変わったアプローチも紹介されています。クライエントの思い込みやイラショナルビリーフに対処するうえで説得するのではなく，自分で行動して気づいてもらうアプ

ローチです。

　以上は行動の障害となる要素を取り除くための基本的な考え方で，これら
をベースにしてさまざまなアプローチが可能になります。たとえば就職活動
の面接を受けることを恐れている学生には，数分程度の質疑応答を行ったり，
会議室を使って模擬面接を行ったりすることが段階的に不安を解きほぐして
いく脱感作になります。最初から 100 点を目指すのではなく，まずは面接
の最初の挨拶だけでも自信が持てるように練習することもあります。

　それでも初めての面接を前に失敗しないだろうかという不安が強いような
ら，最初は失敗して当然で，そして失敗も次の糧になると伝えて，「面接で
何回失敗をしたか，数えておいて報告してください」という逆説的な宿題を
出すこともあります。もちろん信頼関係があったうえでの話で，「経験を積
んでいけば失敗は減りますし，最初は失敗が多ければ多いほど成長します」
といったことも伝えます。こうしたおかしな宿題を通して，失敗は特別なも
のではない，失敗から学べばよいといったメタメッセージを伝えます。実際
に面接に行ってみれば，失敗したことを指折り数えても数個程度で，思った
より少なかったという感想を持つ学生がほとんどです。失敗の数の報告に対
しては「失敗をカウントできるのはしっかり自分を振り返れている証拠です
ね」と伝え，もし失敗の数を覚えていなければ，「それくらい集中できてい
たのですね。面接の準備をした成果が出ましたね」と伝えるなど，どのよう
な場合でも面接に挑んだことを強化します。そのうえで失敗の内容に応じて
次の行動計画を検討します。

　こうした方法は理論の説明を待つまでもなく，多くの支援者がすでに現場
で行っていることに近いかもしれません。ですが理論的背景を理解しておく
ことで，より意識して状況に合ったアプローチが使えるようになっていきます。

3. 社会的学習理論　　61

4. ハプンスタンスの理論

a ハプンスタンス研究の流れ

　ハプンスタンスとは計画外の偶然の出来事からキャリアのチャンスが生まれることで，ハプンスタンス学習とはハプンスタンスをきっかけとしてさまざまな学習経験を重ねていくことです。ハプンスタンス学習はキャリアを予想外の方向に広げたり能力を向上させたりして，キャリアをより良いものにしていきます。一般にキャリアは計画的であることが望ましく，計画がないことはよくないとされることが多いですが，ハプンスタンス学習ではむしろ計画がないからこそさまざまなチャンスが生まれるとして，計画よりも偶然からの学びを重視します。

　ハプンスタンスを語るうえで重要な論文・書籍は3つあります。最初のものは1999年の論文 'Planned Happenstance Theory: Constructing unexpected career opportunities.' です。クランボルツは3人の著者のひとりで，筆頭著者はキャサリーン・ミッチェル博士です。余談ですがミッチェルは2003年に "The Unplanned Career: How to Turn Curiousity into Opportunity" という書籍を出版し，そこには「プランド・ハプンスタンス」が商標登録されたことが示されています。

　次に2004年に出版した書籍 "Luck is no Accident: Making the Most of Happenstance in Your Life and Career"（日本語タイトル：『その幸運は偶然ではないんです！』）はレヴィンとの共著で，ハプンスタンスの最も包括的な実践ガイドとされています。これも余談ですが，原書の謝辞ではミッチェルがプランド・ハプンスタンスの用語と理論の功労者であると感謝を述べたうえで，本書以降はプランド・ハプンスタンス以外の用語が使用されています。

　最後に2009年の論文 'Happenstance Learning Theory' はクランボルツの

単著で，ハプンスタンスの理論がキャリアにおける意思決定理論の最新版であることが示されています。日本では長らく「プランド・ハプンスタンス」という言葉が有名でしたが，商標登録の兼ね合い，またクランボルツのベースが学習理論であったことなどから，ハプンスタンス学習理論（偶発的学習理論）という用語に落ち着いたものと思われます。

b ファイブ・スキルズ

クランボルツのハプンスタンスの理論で最初に思い浮かぶのは「好奇心」「持続性」「柔軟性」「楽観性」「冒険心」の「5つの要素」でしょう。書籍では「要素」と紹介されることが多いですが，原文は「ファイブ・スキルズ（Five Skills）」です。「好奇心」や「楽観性」などが"スキル＝技能"と言われると不思議に思うかもしれません。生まれ持った性格のように感じられ，「要素」や「特長」と訳したくなります。ですが学習理論の文脈でスキルとされていると言う以上，これらは先天的で変化しないものではなく，学習によって習得でき変化するもの，文字通りスキル（技術・技能）と考えるほうが自然です。

1999年の論文に忠実に翻訳すると，「好奇心」は新しい学習の機会を探ること，「持続性」は失敗にもかかわらず努力を続けること，「柔軟性」は態度や状況を変えること，「楽観性」は新しい機会を可能で達成可能なものと見なすこと，「冒険心」は結果が不確実でも行動を起こすこと，となります。

具体的にいえば，好奇心とは新しい行動から連合的学習経験を促すことです。単に学習機会を探すだけなら「探索」，あるいはストレートに「行動力」などの言葉も考えられますが，ここで「好奇心」としているのは，興味がないことよりも興味があることのほうが行動につながりやすいからです。大学時代にテニスに夢中になり退学になりかけたが，テニスのコーチが心理学の教員で面倒を見てもらえることになったというクランボルツ自身の体験からもわかるように，まさに好奇心があってこそのハプンスタンスなのです。

持続性と柔軟性は相反するように思われますが，学習経験を促すために好

奇心を重視していることと併せて考えれば，好奇心に従って行動できる限り
は行動を持続し，好奇心が失われたり，より強い好奇心の対象が出てきたり
した場合は柔軟性を発揮して行動を変える（学習先を変える）ことと考えら
れます。

　楽観性と冒険心は似たような言葉ですが，定義によれば楽観性はリスクに
対するポジティブな見方，冒険心は行動を起こすことに力点が置かれており，
リスクに対する認知と行動の両面を表現した項目と考えられます。

　これらの５つのスキルがさまざまな学習経験によって強化されていくわけ
です。もちろんスキルですから人によってスタート地点の差はあります。最
初から好奇心に基づいて行動できる人もいれば，好奇心があっても行動が起
こせない人もいます。それは遺伝的要因や環境要因，これまでの学習経験な
どの結果です。

　ハプンスタンスの理論を説明すると，自分は慎重な性格だから合わないと
いった反応をされたことはないでしょうか。５つのスキルを性格特性のよう
に理解しているとそう言われて納得してしまいそうですが，学習で身につく
スキルだと理解していれば，「少しずつ行動していくことで身につくのです
よ」と説明することができます。ですが，いきなり就職や転職に直結する行
動を促していくと不安感から行動につながらない可能性があります。そこで
クランボルツのテニスのように，趣味など行動に移しやすい分野で好奇心に
基づいた行動を起こし，好奇心というスキルを強化していきます。そのこと
によって就職活動などでも好奇心のスキルを発揮できるようになっていきま
す。

　好奇心からの行動であれば多少の苦労も努力でき，思い切った行動も取り
やすくなります。それが持続性や楽観性，冒険心などのスキル強化につなが
ります。好奇心の変化によって行動を変えることは柔軟性につながります。
こうしてスキル強化によって学習機会を得やすくなり，さらに学習が進んで
いきます。ファイブ・スキルズ自体も課題アプローチスキルの一種といえま

64　　第２章　実践のための理論的枠組み

す。

　ここまでファイブ・スキルズの説明をしてきましたが，実はファイブ・ス
キルズは 1999 年の論文の前半部分にのみ登場しており，それ以降の研究で
はほとんど触れられていません。ファイブ・スキルズはハプンスタンス理論
を理解するうえで重要なピースですが，そこに終始するのもクランボルツの
本意ではないと個人的には考えています。ハプンスタンス理論の論文や書籍
で中心となるのは，キャリアカウンセラーの関わり方や具体的な問いかけ例
などの紹介です。ファイブ・スキルズのような基準を提供すること以上に，
キャリア支援者の実践を促すことを重視していたのではないかと感じます。

c ハプンスタンスの理解と好奇心の明確化

　ファイブ・スキルズを説明したり，「計画は必ずしも必要ない」「偶然のチャ
ンスからキャリアが広がっていく」といった話をしたりするだけでもクライ
エントの視野を広げることができます。認知的介入としての効果です。しか
しそれだけではハプンスタンスの概念を十分に活用しているとはいえませ
ん。ファイブ・スキルズに比べると知られていませんが，前述の論文や書籍
にはハプンスタンス理論を用いたキャリア支援のステップやヒントが紹介さ
れています。これらを整理して共通のステップとしてまとめたものが表 2-5
です [4]。

　ステップ 1「ハプンスタンスを理解する」では，偶然のチャンスがキャリ
アに影響を与えることはよくあることなのだと理解してもらいます。ハプン
スタンス理論を説明し，クライエントにも過去に起きたハプンスタンスを思
い出してもらい，話し合うことも有効です。問いかけの例としては，「今ま
で偶然の出来事が人生やキャリアに影響を与えたことはありましたか？」「偶
然の出来事をきっかけとして，自分がどんな行動をしましたか？」「偶然の
出来事が起きることをどう思いますか？」といったものです。計画性を重視
するタイプのクライエントはこのステップに抵抗を示す場合があります。ハ

4. ハプンスタンスの理論　65

表 2-5　ハプンスタンス理論を用いたキャリア支援のステップと目標

ステップ	内容	ステップごとの目標
1	ハプンスタンスを理解する	偶然のチャンスがキャリアにつながることが，おかしなことではないと理解する。
2	好奇心を深掘りする	過去に夢中になったこと，現在好奇心を持っていることを言語化する．そのためにどんな行動ができるか，どんな結果が得られるかを話し合う。
3	行動を促す	どんな行動をするかを決めて，それが実行できるようなサポートを行う。
4	障害への対応	行動の妨げになっているものを取り除く．ロールプレイやABC 理論などを活用する。

プンスタンス学習理論に限らず，支援者はクライエントごとに適切なアプローチを考える必要がありますから，無理に適用しないことも重要です。あるいはこのステップは省略してステップ 2 に進んで，好奇心から行動を促していき，結果としてハプンスタンスが理解できるような学習経験を持ってもらうという方法もあります。

　ステップ 2「好奇心を深掘りする」は，過去に夢中になったことや現在興味を持っていることなど，好奇心の対象を言語化していきます。「好奇心を持っていることは何ですか？」「好奇心を満たすために何ができますか？」といった好奇心の明確化と行動への意識づけが中心ですが，「好奇心がキャリアにどんな影響を与えますか？」と好奇心とキャリアへのつながりをより認識してもらうような問いかけも紹介されています。

d ハプンスタンスからの行動支援と障害への対応

　ここからが具体的な行動支援になります。行動と変化を支援するという意

味では本書のテーマ的にも重要なステップです。

　ステップ 3「行動を促す」は行動の重要性を理解してもらい，行動への
ハードルを下げるステップです。過去にハプンスタンスから学びがあった場
合はそのことを話し合うことで，ハプンスタンスが起きるように行動するこ
とを後押しできます。またハプンスタンスの事例を元に行動が学びにつなが
るというような言葉による説得もできます。ハプンスタンスがキャリアにつ
ながった経験が少ない，またそう認識できない場合には，「起きてほしいこ
とは何ですか？　それが起こる確率を上げるために，どんな行動ができます
か？」「行動した場合と，行動しなかった場合で，キャリアはどのように変
わると思いますか？」といったストレートに覚悟を確認するような問いかけ
も紹介されています。これらは「目標や中間的なゴールを達成するために，
何ができますか？」「その行動を実行した場合とそうでなかった場合とで，
目標の達成確率はどう変わりますか？」「行動をすることは，キャリアにど
んな影響を与えると思いますか？」といった言い方にすれば，ハプンスタン
ス学習を使わない一般的なキャリア支援でも活用できます。ただし，これら
の質問はプレッシャーを与える可能性があるため，不安が多いクライエント
の場合には言い方を変えるか，後述するステップ 4 も同時に検討する必要
があります。

　このステップは他のさまざまな理論も利用できます。たとえば解決志向ブ
リーフセラピーでは「ブリッジをかける」という手法があります [5]。クライ
エントの価値観や準拠枠を利用して行動への動機づけを行うものです。例え
ば海外で活躍したいという学生が就職活動の最初の一歩をためらっている場
合には，「将来は海外で活躍するのだから，ここで行動を起こすことは海外
で積極的に活躍するための糧になりますよ」といった言い方をするようなも
のです。あるいは理数系で数的な考え方をするクライエントなら，「行動を
しなければ成功の確率は 0% ですが，行動をすれば 0% ではなくなりますね」
というロジックが効果的かもしれません。クライエントが大切にしている価

4．ハプンスタンスの理論　67

値観や準拠枠はどのようなものでしょうか。それが行動の糸口につながります。

　ここで大切なことは，行動や変化を支援したいときほどクライエントに目を向けるということです。支援者の論理で促すのではなく，クライエントを理解することによって，行動しやすくなるような考え方を探ったり，障害となっている考えに一緒に向き合ったりすることができます。クライエントのためを思っているつもりが，クライエントではなく将来の目標や計画の方ばかり見てしまっているとクライエントの心は離れてしまいます。

　ステップ4「障害への対応」はステップ3とも多少重複しますが，行動の妨げとなるものを取り除くステップです。「その行動にはどんな障害がありますか？」「やりたいことをやれなくしているものは何ですか？」「最初の一歩を踏み出せない理由は何ですか？」など，障害を外在化して一緒に検討できるようにする質問や，「その障害は永遠に続くものですか？」「他の人たちはその障害にどう対応していますか？」と目先を変える問いかけもあります。ポジティブな言い方であれば，「理想に近づくための最初の一歩は何だと思いますか？」「適切な行動を取った場合，あなたの生活はどう満足のいくものになりますか？」なども候補です。行動を念押しする場合は，「次に会う前に何をしますか？」「いつまでに行動の報告をメールで送りますか？」などのように次回までのタスクを示すこともあります。いずれも実際に使用する場合はクライエントの状況や性格に合わせて言い換えてみてください。例えばタスクを考える質問なら，「次の面談までに何か小さな宿題を考えたいのですが，何が良いと思いますか？」のように聞くと同意しやすいかもしれません。

　いずれも論文内で示されている例ですが，行動主義や学習理論の観点でいえばロールプレイや論理療法なども活用できます。例えば上司に希望を伝えるという行動を支援したいとき，支援者が上司役になるロールプレイで予行演習をしたり，上司と話すことに不安がある場合はABCDE理論でイラショナルビリーフに対処することも有効です。

e 認知的介入あるいは減感作としてのハプンスタンス

　人が行動を実行できないとき，何らかの不安が存在している場合があります。ここでハプンスタンスが不安に与える影響にも触れておきます。

　ハプンスタンス学習理論は行動すること，その結果として学習機会を増やすことを重視する理論ですが，行動することが不安というケースも当然あります。それを和らげるのが，キャリアには偶然が影響する，計画がなくてもキャリアが形成されていくことがある，むしろ計画がないほうが将来の可能性を広げているのだ，といったハプンスタンス学習の基本的な概念であり，ハプンスタンスからキャリアを作り上げていった人たちの事例です。

　こうした話を聞くことで，行動を実行していくことの不安が和らぎ，まずは行動してみようという気持ちを高めることができます。つまりハプンスタンスの概念自体がクライエントの行動を促す認知的介入になっているといえます。ちなみにハプンスタンス理論の最もシンプルな使い方としては，ハプンスタンスの理論は使用せずに通常のキャリア支援を行い，クライエントと目標や行動計画を立てる際に，不安を解消するために「行動してみると予想外のチャンスが起きたりしますからね」といった認知的介入として使用するというものです。こうしたワンポイントでの使い方をしている支援者は多いかと思いますが，それもハプンスタンスの活用方法のひとつとして適切なものです。

　そもそも行動主義ではクライエントに行動を促す際，行動の不安を和らげること，すなわち減感作が必要だと考えます。人は新しい行動をする際に不安を感じるもので，もし新しい行動が一回できたとしても時間が経つとまた不安が増加して行動ができなくなる場合もあります。新しい行動はそう簡単に習慣化しません。そこで行動の際の不安と同時にリラックスした感覚をセットで感じることで不安を感じづらくして，行動を定着させようとします。

　系統的脱感作のトレーニングを受けていればリラクゼーション訓練や不安

階層表の作成などを通して減感作療法を実施できますが，減感作療法のトレーニングを受けていない場合でも，ハプンスタンス学習を説明することが一定程度，不安を和らげる役割を果たします。厳密には減感作は段階的に不安に対処する方法ですから，ハプンスタンスの概念で気持ちを和らげることだけなら認知的介入に属する使い方になります。ただ，後述のようにハプンスタンス学習は何度も繰り返して学習が起こり，それによって好奇心に基づいた行動をより起こしやすくなっていきます。最初は趣味に関して好奇心に基づいた行動を起こし，その体験を元に職探しの行動を起こしやすくしていくという点では，中長期的には減感作的な効果もあるといえそうです。

　学習理論をベースに考えればハプンスタンス学習理論は連合的学習と道具的学習を偶然性の要素から再構成したものといえます。しかしそうした見方をしなくても，キャリアにおける偶然の重要性や計画はなくてもいいという説明だけで本理論はさまざまな人に知られるようになりました。それはハプンスタンス学習理論が持つ不安を和らげる効果が有効に機能している証拠ともいえます。

f ハプンスタンス学習理論の命題

　ハプンスタンス学習理論の命題として 4 つの重要な考え方があります（表2-6）。クランボルツが考えるキャリア支援のあり方ともいえます。

　ハプンスタンス学習では，カウンセリングの目的は自己理解や気持ちの受け止めにとどまらず，具体的な行動を起こすことを必要としています。職業情報を探す，求人に応募する，ネットワークを広げる，何らかのサークルやボランティアに参加するなど，具体的な行動を取ることなど，行動にはさまざまなものがあります。命題の 1 と 2，そして 4 からはハプンスタンス学習が行動を重視していること，それがクライエント自ら起こす行動であることが示されています。

　命題 3 はアセスメントを安易に使うことへの批判でもあります。アセスメ

ントによってキャリアの方向性が決まるのではなく，それも学びのきっかけにすべきだというのがハプンスタンス学習のスタンスです。もちろんアセスメントやマッチング理論にしても，結果をそのままキャリアの意思決定につなげるのではなく，それを起点としてクライエントの内省につなげていくことはよく行われているとは思います。

　これらの命題に共通することは，キャリアの決定を避けることは優柔不断ではなく，将来の可能性を広げることにつながるオープンマインドなスタンスだとしている点です。こうした考え方をクライエントに伝えることも認知的介入になり得ます。ハプンスタンス学習の命題は，キャリア支援者としての大切なことを改めて考える機会になるのではないでしょうか。

表 2-6　ハプンスタンス学習理論の命題

1	キャリアカウンセリングのゴールは，クライエントがより満足のいくキャリアや個人の生活を達成するための行動を取ることを学ぶ，その手助けをすることであって，ひとつのキャリアを決定することではない。
2	キャリア・アセスメントは学習を刺激するために用いられるのであって，個人の特徴と職業の特徴をマッチングさせるためのものではない。
3	クライエントは有益な計画外の出来事を呼び起こす方法として，探索的な行動を取ることを学ぶ。
4	カウンセリングの成否は，クライエントがカウンセリングセッション以外の現実世界で成し遂げたことによって評価される。

5. ハプンスタンス学習のモデル

a ハプンスタンスの発生ステップ

　前節ではハプンスタンスの理論を用いた支援ステップを説明しましたが，

5. ハプンスタンス学習のモデル　71

クランボルツの研究を紐解いていくと，ハプンスタンスが発生し，それがハプンスタンス学習につながっていくステップも読み取ることができます。表2-7は支援者側の視点ではなく，クライエント本人の視点でのステップです。このステップも支援者として理解しておくことで，ハプンスタンスの理論をより活用できるようになります[6) 7)]。

　ステップ1は好奇心を明確にするステップで，カウンセラーとの面談の中でどんなことに興味があるかを言葉にしていきます。そこから行動計画を立てて行動に移していくのがステップ2です。例えば，以前からスポーツジムに興味があったことを自分で認識することがステップ1で，実際に近くのジムを調べて入会することがステップ2です。

　好奇心に基づいた行動を起こすと一定確率でハプンスタンスが発生します。そこからチャンスを引き出せるかがポイントです。スポーツジムで偶然知り合った人と話している中で求人の情報が出てくるといったことがステップ3で，そこで踏み込んで応募先や条件を確認することがステップ4にあたります。

　ここで大切なのは好奇心から行動しているかどうかです。好奇心からワクワクするような気持ちで行動しているからこそ，偶然の出会いにもオープンマインドで自分から話しかけたり，込み入った話をしたりすることができます。もし好奇心からではなく，会社の指示などで行動している状況で誰かと出会っても，オープンマインドで関係を深めることにつながりづらいでしょう。ハプンスタンスを活かすためには楽しんでいることが大事です。好奇心というスキルはハプンスタンスの起点と言えます。

　そしてハプンスタンスを一時的なもので終わらせず，そこから探索的行動や継続的学習を続けることがハプンスタンス学習です。前述の例でいえば，スポーツジムでの出会いをきっかけに就職した人が，新しい会社で新しい専門知識やスキルを身につけることで，キャリアの幅を広げるようなことです。

　これらのステップを念頭におくことで，ハプンスタンス学習を利用した個

72　第2章　実践のための理論的枠組み

表 2-7　ハプンスタンスとハプンスタンス学習の発生ステップ

ステップ 1	好奇心を明確にする
ステップ 2	好奇心から行動を起こす
ステップ 3	ハプンスタンスが発生する
ステップ 4	ハプンスタンスからチャンスを引き出す
ステップ 5	行動や学習を継続する（ハプンスタンス学習）

別支援のマネジメントやグループ支援のプログラムを考えることができます。

b ハプンスタンス学習プロセスのサイクルモデル

　ハプンスタンスがハプンスタンス学習につながっていくステップは先ほど説明しましたが，さらに中長期的な視点でハプンスタンスによる学習とスキル向上を俯瞰的に表現したものが図 2-2 のサイクルプロセスモデルです[6][7]。

　ハプンスタンス学習の起点となるのは好奇心で，冒険心や楽観性を持って行動を起こします。それが内側の枠で行動を起こすこととハプンスタンスの発生の循環につながります。ここでは行動や学習を続けていく持続性が重要で，ハプンスタンスが起きたときに楽観性や冒険心によって踏み込んでいきます。もちろん，ベースに好奇心があることが大前提です。もし好奇心の対象が変わった場合は柔軟性を発揮して再度，好奇心に立ち戻って新しい行動を起こします。そしてハプンスタンス学習の結果として 5 つのスキルが向上し，ハプンスタンスやハプンスタンス学習の発生確率が向上します。またさまざまな経験の中で 5 つのスキル以外の一般的あるいは専門的なスキル（例えば語学力や IT 知識・スキルなど）も身につき，キャリアの可能性や選択

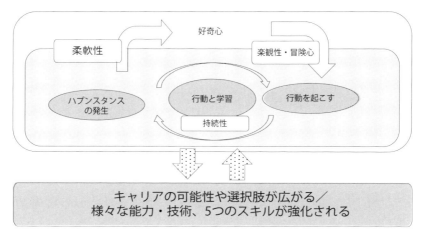

図 2-2　ハプンスタンス学習サイクルプロセス

出典：吉川（2023a）を一部改変

肢が広がります。

　ハプンスタンス学習理論を理解していくと，クランボルツの人間観やキャリア観を垣間見ることができます。人は面白いことを見つけたとき，そして自分で決めたときに行動を起こします。どんな行動にも必ず結果があり，何らかの学びや成長があります。自分が起こした行動から学びを得ること（道具的学習）もあれば，人や新しい分野との出会いから今まで知らなかったことに興味を持つこと（連合的学習）もあるでしょう。こうした学習経験を繰り返すことでチャレンジ精神（5つのスキル）が身につき，同時にさまざまな知識やスキル，そして思考や行動のスタイル（課題アプローチスキル）も身につけていきます。こうしたプロセスの中で，キャリアには計画は必要ではない，偶然からキャリアが広がることもあるといったハプンスタンスの概念は，不安を和らげて行動のハードルを下げる意味があります（認知的介入としてのハプンスタンス）。不安が大きいなら最初は趣味から行動と学習を繰

り返すことで，やがてキャリアに直結した部分でも行動を起こしていくことができます（ハプンスタンスの減感作的な効果）。このようにして人は行動と学習の円環からキャリアの選択肢を広げ，人生を豊かにしていきます。ハプンスタンス学習のサイクルを回すことは人生そのものと言っても過言ではありません。そのために支援者はクライエントの好奇心を明確にしていくこと，そして最初の第一歩を後押しすることが重要です。それができれば徐々に学習の円環の中で自ら学び成長していくことが期待できます。そう信じて最初の一歩を後押しすること，背中を押すことは支援者の大切なミッションです。ためらう理由は何ひとつありません。

　行動主義のアプローチは指示的だという批判もあります。ですが行動主義にではクライエントには自由意志があったうえで，そのための障害を取り除くか，行動を起こしやすくするために各種アプローチがあります。決して支援者が自分の主観で何らかの指示をするわけではありません。ハプンスタンス学習理論では好奇心を起点にすることで，より明確にクライエントの自由意志が大切なのだということを示しているように思えます。クライエントが自らの好奇心で行動の方向性を見つけたのであれば，それを後押しすることはクライエントの意に沿わないような指示的アプローチとは明確に異なるからです。

c ハプンスタンス学習への不安や疑問

　最後にハプンスタンス学習理論を扱う際によく聞かれる不安や疑問に触れておきます。1点目は，ハプンスタンスは必ず発生するわけではないから不安定なものだという指摘です。確かにハプンスタンスの発生やハプンスタンス学習への移行は確率的なものです。しかし行動は必ず何らかの学習経験になりますし，それを繰り返していくといずれハプンスタンスが発生し，一定確率でハプンスタンス学習につながります。10分の1の確率で当たるくじ引きは1回だけでは当たらない確率のほうが高いですが，5回，10回と繰

り返していけば当たらない確率のほうが低くなります。1回の行動でハプンスタンスが発生しないからといって行動が止まらないよう，支援者が継続的に行動と学習経験の反復をサポートしていくことが大切です。クライアントには計画は必要ないと言いながらも，支援者目線では実は中長期的なマネジメントを前提としています。

　2点目は，好奇心に基づいた行動といっても単に好きなことをやるだけでよいのかという疑問です。これには2つの意味があります。ひとつはキャリアにつながらない趣味のような行動でもよいのかということ，もうひとつはキャリアに関係はあるが実現可能性が低い目標でもよいのかということです。前者は好きだからといって好きなアーティストのライブに行くような趣味の行動だけでよいのか，後者はプログラミングが好きだからといってハードルが高いゲーム開発者を目指すような行動でよいのか，といったことです。

　結論からいえばどちらもハプンスタンス学習としては適切です。趣味のような行動からでもさまざまな人との出会いがあり，さまざまな分野を知るきっかけにもなります。また趣味であっても行動することで発見があり，その経験はキャリアに関する行動を起こすことの弾みになります。その1回だけですぐにキャリアにつながらなくても，趣味から行動することには意味があるのです。

　後者の実現可能性が低い行動でも，好奇心から学ぶことが最もパフォーマンスが高まり，能力の向上につながります。ゲーム開発者でいえば，その職に就くことはできなくてもプログラミングの能力向上が一般的なシステムエンジニア職への就職準備になります。またキャリアとは人生全体ですから，趣味でゲーム開発を続けることもキャリアを豊かにすることだと言えます。

　ただし，ある程度の期間を通してクライアントのハプンスタンスを見守ることになりますので，短期的な成果を求められるケースでハプンスタンス学習理論を中心的に活用することは難しいかもしれません。大学生の例でいえば，1〜2年生で就職活動まで時間がある場合には将来の可能性を広げるハ

プンスタンス学習的なアプローチは有用です。しかし就職活動中の4年生で，すでに大半の学生が就職活動を終えているような時期には，社会的学習理論の認知行動的なアプローチを中心においたほうがよいかもしれません。そのうえで支援が長引いた場合に備え，ハプンスタンスの概念を利用した業界や職種選びの幅を広げておくような支援も併用することは可能でしょう。

6. アジャイルキャリア開発

a ハプンスタンス学習プロセスのマネジメント

ハプンスタンス学習はキャリアコンサルティングのような中長期的な支援プロセスでは適合しづらい面があります。最初の段階でゴールが明確にできず，円環的にプロセスを繰り返しながら方向性を見出すため，一般的なキャリア支援で行われる目標設定や行動計画の策定が難しいのです。

そこで，ハプンスタンス学習のモデルに合わせやすいマネジメントのモデルとして，アジャイルキャリア・デベロップメント（以降アジャイルキャリア開発）を紹介します[8]。

目標設定型の手法は標準的な方法ですが，目標設定や計画立案などが必要で，行動に至るまでのステップが多いという面もあります。アジャイルキャリア開発では行動に至るまでのステップが少なく，行動や変化を支援する観点からもメリットがある方法です。そのためアジャイルキャリア開発はハプンスタンス学習理論だけでなく，行動にフォーカスした支援手法としても利用できます。

b アジャイルとは何か

アジャイルとは機敏を意味する言葉で，IT業界で2000年頃から注目されている開発手法を意味するキーワードです。IT業界では新しいシステムを

作るときは計画的に開発を進めることが主流でした。システムが求める機能を明確にしたうえで全体像を設計し，それを実現するための計画を立て，パーツごとにプログラムのコードを書いて，最後にテストをして完成となります。設計や計画，コーディング，テストなどの段階ごとに確実にステップをクリアしていくことが重要で，一度次のステップに進んだあとは前のステップには戻らないよう綿密な計画を立てます。手戻りはコストや納期に悪影響があるからです。こうしたプロセスを，水が上から下に流れて途中で逆流することがない滝になぞらえ，ウォーターフォール（滝）型の開発モデルと呼ばれています。

　ウォーターフォール型の開発は会計システムや人事管理システムなど，最初からシステムのゴールが決まっているシステムの開発が主流だった時代には適していました。ですが昨今ではインターネットのショッピングサイトやSNS のような交流サイトなど，最初から完成形が見えておらず，ユーザの要望を踏まえて柔軟に変化させていくシステムが増えてきています。そうなると後から変更がきかないウォーターフォール型の開発がうまくいきません。また，会計システムなどのゴールが決まっているように見えるものでも，IT の普及によって利用者が増え，会計担当者だけではなく一般社員が自分でデータを登録するような場面も増えました。そうすると会計担当者だけがわかるシステムではなく，一般社員でもミスなく操作できるわかりやすさも必要になります。このようにゴールの要件が複雑化し，ゴールに向かって一直線に開発して修正を許さないような方法ではシステム開発がうまくいかないことが増えてきました。

　そこで最初から最終ゴールを目指すのではなく，小さなゴールを設定して短期間で少しずつ開発を進め，ユーザの反応によって開発を柔軟に変化させていくアジャイルと呼ばれるいくつかの方法論が注目されるようになりました。例えば Facebook や LINE，X（旧 Twitter）などの SNS サイトは，最初からユーザを満足させるような形でスタートしたわけではありませんでし

た。最初はごく限られた機能からスタートさせて，ユーザの反応を見ながら新機能を追加したり，新しい方向性に舵を切ったりしていきました。ビジネスでよく使われている Zoom や Slack なども同様で，開発側もユーザ側も最初から完成形がわかっていたわけではなく，実際に使用してみての感想や改善希望などを踏まえてバージョンアップしていきます。最近のこうしたアプリケーションは頻繁に仕様変更が発生し，メニューの内容もよく変わります。これはアジャイルな方法によって適宜修正されているという理由もあるのです。最初からゴールが決まっていない，あるいは決められないからこそ，こうした機動的な修正が可能になります。これはウォーターフォール型では実現できない開発です。

　社会や時代の変化により，最初からゴールを定めることが難しく，状況に合わせて方向性を変化させることが必要になってきました。これはシステム開発だけでなくキャリアデザインでも当てはまることです。キャリアデザインの分野でもアジャイルの概念を利用する意義があると考えています。

c　アジャイルキャリア開発のプロセス

　IT のアジャイル開発では最初から完成形を確定させるのではなく，短期間（1〜4週間）ごとに機能を絞り込んだ動くシステムを開発し，ユーザの反応を見ながら次に作る機能を考えていきます。キャリアで考えれば，最初からキャリアの中長期目標や就職先業界を定めるのではなく，例えば1ヶ月ごとにキャリアの小さなゴールを定めていくようなものです。小さなゴールは人によって異なりますが，興味がある業界を3つ調べてまとめてみる，語学を活かした仕事に興味がある人が将来につながる TOEIC の勉強をテキスト3章分やってみるなど，一定の成果といえるものです。通常のキャリア支援と変わらないように思うかもしれませんが，その次のステップを決めないところが異なります。

　次のステップを決めないことの効果はキャリアの選択肢を広げられるとこ

ろです。例えば業界を 3 つほど調べ，希望業界が見つかればインターンの応募に進めますが，必ず見つかるとは限りません。最初から希望業界が見つかることを前提として，その後の計画やスケジュールは決められないのです。見つからなければ他業界を調べる，幅広い業界の説明会に参加するなどの行動が必要になります。語学の資格勉強も 1 ヶ月やってみて勉強を続けたほうがよいと思えるかもしれませんし，別の資格や資格以外のことに集中したほうがよいということになったりするかもしれません。キャリアは計画通りには進みません。もちろん計画を修正していけばよいのですが，頻繁に修正が発生して，肝心の行動にかけるエネルギーが減ってしまうと逆効果です。そこであえてゴールを決めないアジャイルな行動が意味を持つのです。

　アジャイルなキャリア開発の概念を導入すると，計画を立てることにこだわりすぎず，おおよその方向を考えたうえで，まずは 2 週間，1 ヶ月といった単位でキャリアを進め，状況に合わせて変更することができます。キャリア支援者としてはゴールを設定しない点や全体のプロセスをマネジメントできない点が不安に感じるかもしれませんが，短い期間ごとに行動目標という小さなゴールを決めること，それを確実に次に活かしていくことがアジャイルキャリアでのマネジメントになります。ただし，中長期的なゴールを設定したほうが安心するクライエントもの場合は従来通りの方法がよいでしょう。方法論は絶対的なものではなく，クライエントに合わせていくものです。

d ハプンスタンス駆動型のアジャイルキャリア開発

　アジャイルキャリア開発のプロセスはハプンスタンス学習理論でも活用できます。1 〜 4 週間程度の短期間のアジャイルなキャリアプロセスの中で，好奇心を起点とした行動や学習を進めていき，ハプンスタンスやハプンスタンス学習の発生に応じて方向性を変えていくというものです。通常のアジャイルキャリア開発では，好奇心に限らずさまざまな観点から短期のゴールを作るものですが，それを好奇心からの行動に置き換えて活用します。システ

ム開発の分野ではテスト駆動開発のように「駆動」というキーワードを使って開発プロセスの追加要素を表現することがあります。ハプンスタンスを起点としてアジャイルキャリア開発を回す方法ですから，IT分野の慣習に倣ってハプンスタンス駆動型アジャイルキャリア開発と表記しておきます（表2-8）。

　ハプンスタンス駆動型アジャイルキャリア開発では，面談の間隔に応じて1〜4週間程度の期間を区切ります。アジャイル開発ではこの期間を全力で走る短距離になぞらえてスプリントと表現します。通常のアジャイルキャリア開発ではスプリントごとにクライエントが自由にタスクを考えますが，ハプンスタンス駆動型ではクライエントの好奇心に基づいた行動を設定します。

　その次の面談までに行動を実行して，面談では行動の結果報告と次のスプリントのゴール設定を行います。このスプリントを繰り返すことでハプンスタンスが発生し，徐々にキャリアの方向性を見出していったり，中長期的な目標につなげていったりします。中長期的なゴールや計画が見えてきた場合は，そのゴールを念頭に置きながらスプリント単位で実施できるゴールを決めていきます。ハプンスタンス学習の反復フェーズに相当します。

e 計画的キャリアから適応的キャリアへ

　アジャイルの本質とは，将来にわたる目標や計画よりも現在の状況への適応を重視する点で，ここがハプンスタンス学習とも親和性がある部分です。一般にキャリアは計画的に進めるものと考えられがちですが，実は適応的なキャリアの概念も存在しています。例えば金井（2002）はキャリアをデザインするだけではなく，流れに乗って作っていくドリフトのフェーズが重要だとしています。従来の考え方や組織の枠にとらわれず，柔軟にキャリアを変化させるという点ではプロティアンキャリアやバウンダリーレスキャリアも適応型のキャリア理論です。カウンセリングの分野でも解決志向ブリーフ

表 2-8　キャリア開発のバリエーション

キャリア開発の方法	目標設定と期間	行動計画の内容・立て方
通常のキャリア開発	数ヶ月程度の 最終目標を決定	最終目標から逆算して必要な行動を考えて計画を立てる
アジャイルキャリア開発	1～4週間程度の 短期ゴール反復 （スプリント）	スプリントごとに必要だと考える短期的なゴール，行動
ハプンスタンス駆動型 アジャイルキャリア開発		スプリントを始める時点で考えた好奇心に基づく探索行動

セラピー（ソリューションフォーカストアプローチ）のように問題分析や対策立案よりも近未来のソリューションの構築と実行を優先するものもあります。このようにさまざまな領域で中長期的な目標や計画を立てることが唯一のものではなくなりつつあります。こうしたトレンドを考えれば，キャリア支援でもアジャイルの概念を取り入れることも不自然なことではないといえます。

7. 理論の学びを実践に活かす

a 行動と変化を支援するさまざまな理論

　本章では行動主義や社会的学習理論，ハプンスタンス学習理論を中心として，行動と支援に関わる概念や手法のいくつかを紹介してきました。ですが本来，キャリア支援に関する理論はいずれもクライエントの行動や変化につながることを期待したものです。これを機にさまざまな理論に触れてみてください。

　心理学やキャリア支援の分野では，行動主義系の理論と対照的ともいえるパーソンセンタードアプローチ（以降 PCA）も押さえておきたいところです。

82　第2章　実践のための理論的枠組み

ロジャーズの人生や研究については諸富（1997）が，そして傾聴などの基本を踏まえてフォーカシング，エンカウンター・グループなどの展開に触れたものとしては坂中（2017）が読みやすいでしょう。特に，哲学者でありロジャーズの共同研究者でもあったジェンドリンが提唱したフォーカシングは支援者自身が自分自身のこころと向き合ううえでも大切な体験となるはずです。より深く学ぶには前掲書のほか池見（1995, 2010）が参考になります。PCAはクライエントの声に耳を傾け，そのままの存在として理解しようとするような関わり方です。支援者がクライエントのそばに寄り添う存在となり，クライエントが安心した状態で内省を深めて力を得，自ら変容に向かっていくことを支えます。こうした関わり方を自分のものとするには，理論を頭で理解するだけでなく，からだの感覚としてもPCAが持つ哲学を腑に落とすことが必要です。研修やワークショップなどで体験していくことが望ましいでしょう。

　さまざまなキャリア理論を知るには労働政策研究・研修機構（2016）が網羅的です。キャリア理論の流れや分類はサビカス（2015）や下村（渡部編，2015）が参考になります。最新のトレンドとしては下村（2020）で述べられている社会正義，ブルスティン（2018）のワーキング心理学なども参考になります。

b 理論を学ぶことの意味

　理論を学ぶことは実践の幅を広げる第一歩です。実践例を使うだけではなく，理論の意味を理解したうえで自分の現場に当てはめると何ができるか，自分で考え，仲間と議論して，必要に応じて適切なトレーニングを受け，実践で活用していくこと，こうした繰り返しもまた学習経験です。理論を学ぶ際は，できれば原著にも触れてみてください。キャリアコンサルタントのテキストやビジネス書でもキャリアの理論がうまく整理されていて，学びの第一歩として貴重です。ですが原著を読むと著者が伝えたかったことが前後の

文脈と共に伝わってきます。原著からしか得られない豊かな世界があるのです。

　どのような書籍がよいかわからない場合は，同じキャリア支援者の仲間や先輩など，身近な方にお勧めの本を聞いてみるのもいいでしょう。それも連合的学習になります。面白い本に出会い，芋づる式に書籍を読み漁るようになればハプンスタンス学習です。所属団体の研修，他団体や学術学会の研修会などにも思い切って飛び込んでみてください。支援者自身のファイブ・スキルを磨くことが巡り巡ってクライエントのためになります。

【引用文献】
1 ）特定非営利活動法人日本キャリア開発協会 DVD（2008）　クルンボルツ博士のキャリアカウンセリング
2 ）脇本忍（2015）Planned Happenstance Theory の展開と実践——Krumboltz セッションの翻訳　聖泉大学 聖泉論集　*23*, 37-52.
3 ）Krumboltz, J. D.（2009）The Happenstance Learning Theory, *Journal of Career Assessment*, *17*, 135-154.
4 ）吉川雅也（2018b）社会的学習理論のコンテクストにおけるハプンスタンス理論の理解——キャリア形成への Happenstance Learning Theory の適用　関西外国語大学研究論集　*108*, 119-136.
5 ）森俊夫，黒沢幸子（2002）〈森・黒沢のワークショップで学ぶ〉解決志向ブリーフセラピーほんの森出版
6 ）吉川雅也（2023a）ハプンスタンス学習の発生プロセス検討とサイクルモデル構築の試み——好奇心の明確化からはじめるキャリアデザインの方法　関西外国語大学研究論集　*117*, 269-288.
7 ）吉川雅也（2023b）ハプンスタンス学習理論実践のための理論的枠組みと現代的意義　キャリア教育研究, *42*, 3-13.
8 ）吉川雅也（2018a）アジャイル・キャリア・デベロップメント試論——適応重視キャリア理論のプロセスに関する考察　関西外国語大学研究論集, *107*, 75-93.

【参考文献】
D・L・ブルスティン（編著）渡辺三枝子（監訳）（2018）キャリアを超えて　ワーキング心理学——働くことへの心理学的アプローチ　白桃書房
福島脩美, 田上不二夫, 沢崎達夫, 諸富祥彦（編）（2004）カウンセリングプロセスハンドブック　金子書房
池見陽（1995）心のメッセージを聴く——実感が語る心理学　講談社
池見陽（2010）僕のフォーカシング＝カウンセリング——ひとときの生を言い表す　創元社
金井壽宏（2002）働くひとのためのキャリア・デザイン　PHP 研究所
J・D・クルンボルツ（編著）中澤次郎（訳編）（1970）カウンセリングの革命——行動カウンセリングの理論　誠信書房

Ｊ・Ｄ・クルンボルツ，Ｃ・Ｅ・ソールセン（著）沢田慶輔，中澤次郎（訳編）（1974）行動カウンセリング　誠信書房

Krumboltz, J. D.（1979）A social learning theory of career decision making. *In Social learning and career decision making. Cranston*. RI: The Carroll Press, 19–49.

Krumboltz, J. D.（1996）A learning theory of career counseling. In M. L. Savickas & W. B. Walsh（Eds.）, *Handbook of career counseling theory and practice*. Palo Alto, CA, US: Davies-Black Publishing, pp. 55-80.

Mitchell, K.E., Levin, A., Krumboltz, J.D.（1999）Planned Happenstance: Constructing Unexpected Career Opportunities, *Journal of Counseling & Development, 77*, 115-124.

Ｊ・Ｄ・クランボルツ，Ａ・Ｓ・レヴィン（著）花田光世，大木紀子，宮地夕紀子（訳）（2005）その幸運は偶然ではないんです！　ダイヤモンド社

マーク・Ｌ・サビカス（著）日本キャリア開発研究センター（監訳）乙須敏紀（訳）（2015）サビカス　キャリア・カウンセリング理論——〈自己構成〉によるライフデザインアプローチ　福村出版

平鍋健児，野中郁次郎，及部敬雄（2021）アジャイル開発とスクラム　第2版——顧客・技術・経営をつなぐ協調的ソフトウェア開発マネジメント　翔泳社

Michelle, K.（2003）*The Unplanned Career: How to Turn Curiosity into Opportunity*. San Francisco, CA, US: Chronicle Books.

三田村仰（2017）はじめてまなぶ行動療法　金剛出版

諸富祥彦（1997）カール・ロジャーズ入門——自分が"自分"になるということ　コスモス・ライブラリー

労働政策研究・研修機構（編著）（2016）新時代のキャリアコンサルティング——キャリア理論・カウンセリング理論の現在と未来　独立行政法人労働政策研究・研修機構

坂中正義（編著）田村隆一，松本剛，岡村達也（2017）傾聴の心理学——PCAをまなぶ，カウンセリング／フォーカシング／エンカウンター・グループ　創元社

下村英雄（2019）社会正義のキャリア支援——個人の支援から個を取り巻く社会に広がる支援へ　図書文化社

田中研之輔（2019）プロティアン——70歳まで第一線で働き続ける最強のキャリア資本術　日経BP社

渡部昌平（編著）下村英雄，新目真紀，五十嵐敦，榧野潤，高橋浩，宗方比佐子（著）（2015）社会構成主義キャリア・カウンセリングの理論と実践——ナラティブ，質的アセスメントの活用　福村出版

謝辞：本研究はJSPS科研費JP20K13989の助成を受けたものです。

第 3 章

理論から具体的実践に

藤田　廣志

1. 暗黙知を形式知に

a 現場のキャリア行動化支援

　「キャリアコンサルティングは何を目的として行うのか？」と問われたとき，私は「そのコンサルティングが終わった時，クライエントが行動を取れること“次の一歩”を踏み出せること」と答えてきました。クランボルツも，偶発的学習理論（HLT）において，カウンセリングが成功したかどうかは，カウンセリング後の現実世界で，クライエントの行動・達成したものによって評価されるとしています。

　多くのキャリアコンサルティングの現場では，クライエントに接する“時間は限られ”ています。また，クライエントは“答えを求め”ています。そして支援者であるコンサルタントには“具体的な成果”が求められています。特にキャリアコンサルティングが社会インフラとして機能することを考えるときに，どのように支援を進めれば“短時間で効果的なコンサルティング”を実施することができるのかという問いは，現場の切実な声でしょう。そして，この声に応えるべく，日本の支援現場では，キャリアコンサルティングの実務者によって，今日もさまざまな工夫・改善が日々積み重ねられていることと思います。

　近時のキャリアコンサルティングの研鑽の場では，キャリア構築理論，構成主義やナラティブ・アプローチについて取り上げられることが多くなっています。そして研修で取り上げる支援プロセスとしては，前半の関係構築・問題把握にウエイトを置いたものが多いという偏りが見られます。確かに構築理論などは変化の激しく先行き不透明な時代に必要な理論でもあり，コンサルティング・プロセスでのクライエントとの信頼関係・自己理解・問題共有がなければ，コンサルティングそのものが成り立たないとする考え方はう

88　第3章　理論から具体的実践に

なずけるものです。一方で，前世紀からのキャリア理論（学習理論・発達理論・意思決定理論・動機づけ理論など）のアプローチは依然として支援現場で有効であり，具体的展開に必要な行動カウンセリング・ガイダンス・コーディネイションなども重要な手法です。

　要するに，どの理論・手法も一定の効果があると同時に限界があり，支援者はその適切な選択が必要であり，アプローチとしては折衷的にならざるを得ません。また鋭く感性を磨き，技芸（アート）を身につけたとしても，柔軟な“修正技法”の活用が必要であることは避けられません。

　特に，支援プロセスの後半，クライエントの行動化に対する支援に焦点を当てた研鑽の機会が少ないことには，現場のニーズとかなり乖離しているのではないかという違和感は持っています。

b 理論と実践の循環

　私は，今世紀初頭に実用的な理論・手法を求めて，週末は研修会・勉強会に参加していました。そこで“現場で活用できる可能性があると考えた理論”や“気づいた手法”をクライエント支援用にツール・スライド化して準備していました。そして平日は現場でクライエント支援に活用してみる，という繰り返しを数年間続けていました。そのような日々で気づいたことは，クライエントとクライエントを取り巻く環境は，常に変化し続けるということ，支援のための準備は大切だが“準備して使わない勇気”の方が，もっと大切だということでした。

　たとえば，週1回の面談をしているクライエントであれば，前回の面談から1週間が経過しています。その間にクライエント自身，あるいは周囲に何らかの変化が起きていたり，クライエント自身に前回にはなかった新しい気づきがあったり，まだ話していないことを訴えてみたくなったりしていることは珍しくありません。そのようなときは，コンサルタントが前回の面談を前提にして準備したツールなどは，もうその場に適したものではなく

なっているということがよく起きることです。このクライエントのために，という思いで，ある程度根拠も持って準備したツールであれば，ついつい使いたくなるものですが"準備して使わない勇気を持とう"と自分に言い聞かせたものでした。

　一方で，準備したツールは，想定していたクライエントに対して活用できなくとも，他のクライエントとの面談時に"あっ，今使える"と思うこともまた，よく起きることです。

　現場は常に変化しています。習得し準備した既存の理論や手法を実務に活かすには，柔軟に対処することが不可欠です。そればかりではなく，現場の相談には全て個別性があり，常に新しく変化し続けます。いわば理論の先を行く最先端の現実です。要するに「実践は理論に先行する」という現象が常に起きています。

　常に新しい現場という意識を持ち，なんとかして工夫・改善を続けていると，その工夫・改善にも共通したものがあること，「優れた実践は，似たモデルになってくる」ということに気づきます。好事例・効果的な実践には似た要素が見えてくるわけです。これを整理し，概念化したものが，次の理論として提唱されることになるのでしょう。前述の構築理論・ナラティブもその例と考えられます。

　また新しく理論化・モデル化されたものを活用してみると，やはりうまく機能することと，必ずしも機能しないことがあることがわかってきます。「理論は使ってわかる」，使ってみなければ結局は分からないということを実感します。そしてまた変化した現実に対処するために「実践は理論に先行する」という必要に迫られます。

　今も，現場で働くキャリアコンサルタントは「実践は理論に先行する」という矜持を持ち，「優れた事例は似たモデルになる」という考察を重ね，「理論は使ってわかる」という実践を繰り返されていることと思います（図3-1）。そして，理論を具体的実践に耐えるモデル・スキル・ノウハウとして

90　第3章　理論から具体的実践に

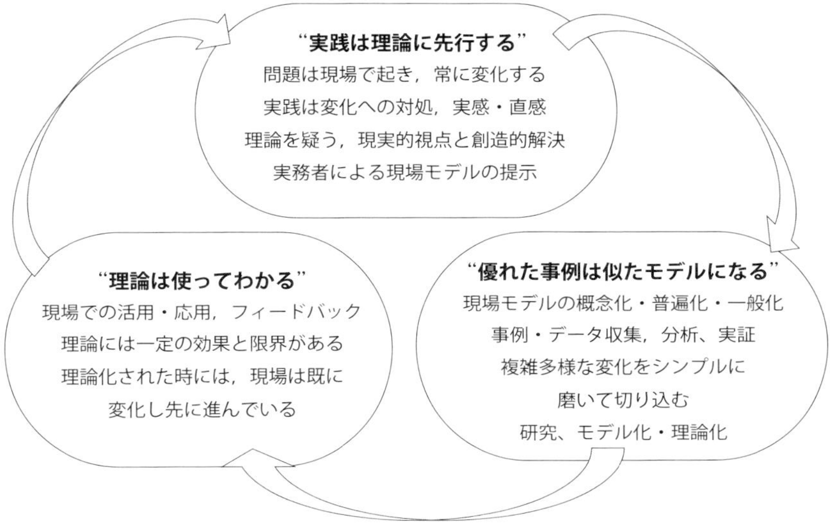

"**実践は理論に先行する**"
問題は現場で起き，常に変化する
実践は変化への対処，実感・直感
理論を疑う，現実的視点と創造的解決
実務者による現場モデルの提示

"**理論は使ってわかる**"
現場での活用・応用，フィードバック
理論には一定の効果と限界がある
理論化された時には，現場は既に
変化し先に進んでいる

"**優れた事例は似たモデルになる**"
現場モデルの概念化・普遍化・一般化
事例・データ収集，分析，実証
複雑多様な変化をシンプルに
磨いて切り込む
研究、モデル化・理論化

図 3-1　実践と理論の循環関係

筆者作成

身につけ，活用し続けていると思います。

　コルブの経験学習理論「具体的経験」→「内省的観察」→「抽象化・概念化」→「積極的実験」というサイクルが，実務者の支援現場では「実践は理論に先行する」→「優れた事例は似たモデルになる」→「理論は使ってわかる」というサイクルになって表れているのではないでしょうか。

　しかし，これらの実務者が積み上げたモデル・スキル・ノウハウの多くは開示されることは少なく，職人技として個人に特有のものとされたり，組織内に意図的に秘匿されたりするという傾向もあります。また優れた技能を持つ実務者の中には，どのようにその技能を伝えればよいのか，説明すればよいのかが不得手という方もあり，「感性・直観・技」というように観て感じ

1. 暗黙知を形式知に　　91

て習得することを促すこともあり，時には密室でのみ伝えられることさえあります。

これらの実務で役立つノウハウ・スキルなどの“暗黙知”はどのようにすれば共有し活用しやすい“形式知”として伝えることができるのでしょうか。

c 問題把握の後にどうするのか

ある現場で，キャリアコンサルティング・就職支援が，長期に難航し活動が止まっているクライエントを対象にヒアリングを積み重ね，キャリアコンサルティングプロセスの，どの段階でコンサルタントの支援が行き詰まり，クライエントの活動が止まっているのかを調査したことがありました。

ゴールドラットのTOC（Theory of Constrains：制約理論）を参考に，コンサルティング・プロセスの制約となっているボトルネックを見つけ出し，そこを強化することでプロセス全体の改善を図ることを意図したものです。

キャリアコンサルティングの特徴である，システマティック・アプローチを前提として場面設定・関係構築・自己理解・職業理解・問題把握・目標設定・戦略立案・方策実行・評価決定というプロセスの各段階を事例ごとにチェックしてまいりました。

当然のことながら難航・停滞の要因には，クライエントの抱えるさまざまな個別の理由がありましたが，プロセスとしての大きなネックは３箇所でした。

１つめは，関係構築の段階であり，冒頭の面談時にキャリアコンサルティングを継続するために最低限必要な信頼関係が築かれていないケースです。２つめは，自己理解・職業理解には取り組んでも，問題の共有・目標設定に難航し行動に進まないケースです。３つめは，方策の実行・労働市場におけるマーケティングの段階に入ってから行動が止まってしまうケースです。３つのネック中で最も大きなものは，２つめの“問題把握・目標設定の段階で留まり行動に移ることができない”というネックでした。

アムンドソンは，カウンセラーの養成時に，多くのカウンセラーの訓練生が「クライエントの抱えているたくさんの問題を何とか把握し，それに立ち向かおうとする段階になって，『さあ，それでどうしましょうか』となることが多い」[1]と述べています。同様の現象がその支援現場でも起きたていたのです。

d 行動に問題があるとは

　私は，クライエントの抱える問題を把握する実務スキルとして，主な問題には，感情・認知・行動・能力開発・環境の５つを取り上げ探索することが，特に個別支援の前半で効果があると考えています。その中で，"行動に問題がある"とはどのようなことなのか，もう少し詳しく述べてみたいと思います。

　就職活動に難航するクライエントの問題が"行動にある"と仮定し，焦点をあててみると，以下の３つのパターンが見られました。

　①　行動の留保・回避・先延ばしをしている
　②　行動の仕方が分からず混乱している
　③　不適切な行動を繰り返している

　①の行動留保・回避・先延ばしは，具体的行動を開始する段階になって立ち止まってしまうケースです。感情・認知が絡んでいる場合は，認知行動療法，論理療法（REBT）・動機づけ面接などが対処策として考えられます。行動化促進には，レスポンデント条件づけ・オペラント条件づけなどの行動療法も選択肢です。また，目標設定に問題があり行動化と結びつかない場合は，目標設定理論・達成目標理論，意思決定理論などの活用も考えられます。
　②は行動の意思はあるものの行動の仕方がわからない，混乱しているというケースです。この場合は学習論やガイダンス論から，行動カウンセリング・

偶発的学習理論・求職手法の多様化・行動計画の作成・キャリア開発プラン作成，あるは社会構成主義や社会正義のキャリア支援・アドボカシーなどの活用も考えられます。

③の不適切行動の繰り返しは，行動はしているが空回り状態が続いているケースです。この場合は，行動の見直し・再訓練，防衛反応・疾病利得・学習論などを考慮することも必要でしょう。

今回はまず，上記のうち行動が停滞することが最も多い要因として，"目標設定と行動化の関係"について述べてみたいと思います。

2. 目標設定と具体的支援の展開

a システマティック・アプローチのプロセス

木村周（木村・下村，2022）は，キャリアコンサルティングの特徴を7つ挙げています。その1つは，カウンセリングモデルとしてシステマティック・アプローチをとるという特徴です。また，その事例としてカナダ雇用移民省の「個人カウンセリング-システマティックアプローチ」を紹介しています。このモデルは，「クライエントは明確な結果を望んでいる」「クライエントに接する時間は限られている」[2)] という前提に立っています。

第3章第1節で述べたとおり，この前提は，日本の多くの支援現場の状況を端的に現しているのではないでしょうか。また，関係構築・自己理解・職業理解・目標設定・方策実行という，支援を体系的に進めるシステマティック・アプローチは，マイクロカウンセリング，ヘルピング，コーヒーカップモデルなどと同様に，一定期間で明確な結果を達成することを重視するものです。

システマティック・アプローチは，行動的アプローチや論理療法的展開との親和性があり，初期のクランボルツの行動カウンセリング技法とも類似し

ています。

さらにシステマティック・アプローチは，国家資格キャリアコンサルタント，あるいはキャリアコンサルティング技能検定のベースにも類似しています。

技能検定試験の評価項目区分は，基本的態度・関係構築・問題把握・具体的展開の4項目と示されています。

受験をされた方から「いつも具体的展開が所要点未達になってしまい実技試験が通らない」という嘆きを耳にすることは，珍しくありません。具体的展開の評価項目の内容は，適切な目標設定と対応の適切な選択，そしてクライエントに変化が起きることとされています。それでは，システマティック・アプローチでは，目標設定・方策実行をどのように進めているのでしょうか。

b 目標設定の階層構造

前述したカナダ雇用移民省の「個人カウンセリング - システマティックアプローチ」について，ベザンソンとデコフは，システマティック・アプローチには全体で構造があり，目標設定にも階層構造があるとしています。

すなわち，①カウンセリングの目標・**ゴール**，②目標達成のための**ターゲット**，③ターゲットをさらに分割した具体的な行動計画・スモール**ステップ**，という3層構造です。具体的には，以下のような事例が挙げられています[3]。

① ゴール 　　カウンセリングの目標：常用の雇用先を見つけて就職する
② ターゲット 目標達成のためのサブ目標：就職活動に専心し，○○までに次の課題を実行する
③ ステップ 　具体的な行動計画：求人情報探索○件，応募候補先リスト作成，人脈の整理と連絡・訪問

2. 目標設定と具体的支援の展開　　95

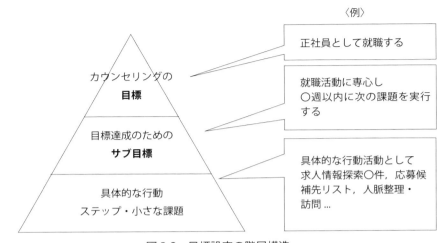

図 3-2　目標設定の階層構造
ベザンソン＆デコフ（下村英雄[4]を参考に筆者加筆）

　ベザンソンとデコフの目標設定の階層構造を図示してみると図 3-2 のようになります。

　目標設定の階層構造には，ステップである具体的な行動計画につなぐことが明記されています。この階層構造に沿って，カウンセリングの目標 → 目標達成のためのサブ目標 → さらに分割した具体的な行動・小さな課題と順に面談を進めていくことは，そのままキャリアコンサルティング技能検定の評価項目である具体的展開，すなわち目標設定・具体的行動の展開を実施していることになります。

c 目標設定の実際と GTS モデル

　前述の目標設定の階層構造では，目標がはっきりしていることが条件になっています。良い目標の条件としてはドランの SMART（Specific：具体的，Measurable：測定可能，Achievable：達成可能，Realistic：現実的，Time-

図 3-3　GTS モデル　階層構造の実務モデル（著者作成）

Bound：時間の明確さ）や，ウィットモアの PURE（Positively-stated：肯定的表現，Understood：理解される，Relevant：適切・妥当，Ethical：倫理的）などが知られています。

　支援現場に来談するクライエントが語る目標は多くの場合，上記の SMART・PURE で求められているような要件を欠いていますので明確化の支援は必要です。ただし，明確化にこだわりすぎることで，かえって難航することもあります。さらに，現場には丁寧に明確化を支援する十分な時間的余裕がないケースがよくあるという現実も踏まえておく必要があります。

　限られた時間の中で，コンサルタントはクライエントの目標・希望・願望に関する訴えを，早期に適切に把握する必要に迫られます。そのような状況で「目標」から「行動」に至るプロセスをクライエントと一緒に作るには，目標設定の階層構造を参考にして，クライエントの将来に関する語りを「ありたい姿（Goal），具体的な達成（Target），何から始めるか（Step）」という3つを意識して聴くことにより，整理していくという手法が考えられます。

この Goal・Target・Step を図示すると図 3-3 のようになります。私はこれを GTS モデルと名付けています。

　実務上は，冒頭から目標について語り始めるクライエントもある一方で，目標がない，という訴えのクライエントもあります。支援プロセスで共有した問題・方向性，希望・願望，職種・条件，現在の取り組みなど，訴える内容を G（ゴール・長期目標）なのか，T（ターゲット・中間目標）なのか，S（ステップ・具体的行動・短期目標）なのか，仮目標（暫定目標）の設定が必要なのかなどに整理して聴き，支援方策を立てる必要があります。

　GTS モデルの活用に関するキャリアコンサルタントへの訓練としては，次のようなワークも有効と思われますので，ご参考に紹介いたします。

【GTS モデル・活用ワーク　事例1】
　キャリアコンサルタント 4 名程度で 1 グループを構成します。
（ワーク前に，趣旨が目標設定のワークであることは，あえて告げません。セミナー冒頭のアイスブレイクなどで活用するのもよいでしょう）

① グループワーク：参加者（コンサルタント）は順次，
　「＊私の夢　＊計画していること　＊活動していること　＊志・願い　＊やりたいこと　＊やろうと思っていること　＊実現したいこと　＊やっていること　＊最近始めたこと　＊夢や希望は特にないが今ちょっと不満なこと　＊変えたいこと　＊改善したいこと　＊やりたいけどできないこと　＊やらなければならないこと＊なんとなくもやもやすること」などを一人あたり 2 分程度自由に語ります。他のグループ・メンバーは傾聴しながらメモを取ります。

② 講師またはファシリテーターより，GTS モデルのゴール・ターゲット・ステップについて説明し，ワークシートを配布します。さら

98　第 3 章　理論から具体的実践に

にワークシートにある記入例について説明し，質問を受けます。

③ 個人ワーク：自分自身が語った内容の Goal・Target・Step を各々の該当欄に記入します。次に①で作成したメモも活用し，グループ内の各コンサルタントが語った Goal・Target・Step について同様に，各々の該当欄に記入します。

表 3-1　ワークシートの例

目標	記入例	(　　　)	(　　　)	(　　　)	(　　　)
Goal	地域社会で頼られる・役に立つ人になること。生涯にわたり，人の成長を感じることができれば幸せ				
Target	地域活性化の NPO を立ち上げる 民生委員か，保護司を引き受ける				
Step	町内のボランティア活動に参加する NPO の仕組みを学ぶ 犯歴者の就労支援について調べる				

④ グループシェア：グループ内で，参加者ごとに Goal・Target・Step の内容をシェアします。感想，意見交換，質問事項の整理も行います。

【GTS モデル・活用ワーク　事例２】
① ・現在の仕事に行き詰まり転職を考えているクライエント
　 ・ミドルクライシスに直面したクライエント

2. 目標設定と具体的支援の展開　99

・スポーツ選手などの引退会見で語られる今後の生き方・キャリア展望についての面談内容・インタビュー記録

など，転機に立っている人の語りを準備し，例示します。（守秘義務に留意）

② 個人ワーク：面談内容・インタビュー記録などを Goal・Target・Step の視点から整理し，【GTS モデル・活用ワーク　事例 1】のワークシート（表 3-1）と同様のシートに記入します。

③ グループシェアを実施し，その後，全体シェアも実施します。

d ゴール，ターゲット，ステップ

現在のように，環境の変化が激しく不透明で予測が困難な状況においては，目標設定階層のうち，ゴール・長期目標に関して，必ずしも明確にすればよいとは限りません。目標が明確すぎると，かえってこだわりが強くなり，そこにしか行けなくなってしまうというリスクもあります。ゴールには"揺らぎ"（一定の曖昧さ）の余地を残し，クライエント自らの変化とクライエントを取り巻く環境の変化に対して柔軟に対応すること，設定 → 行動 → 修正 → 再設定という繰り返し，すなわち修正技法の活用が現実的なアプローチになります。

曖昧・漠然としていても，ある程度の幅に収まる方向性，およその枠組み程度で掴むことができ，曖昧性も受容した仮目標の設定も活用することが必要になります。クランボルツが学習理論で指摘しているように，オープンマインド・未決定が重要で，それが学習効果を生むという要素にも通じるものです。

それに対して，目標設定階層の STEP・短期目標は，具体的行動を踏み出

し一歩一歩進めていくために，はっきりと明確である必要があります。"目標は近く（短期目標）ははっきり見え，遠く（長期目標）は，ぼんやり・ゆらゆら見えている"状況がちょうど良い状態ではないでしょうか。

就労支援の現場では，ターゲットの階層における目標設定は，業種・職種・企業名，立場・地位・役割，能力・資格（例えば食品業界・旅行業界・システムエンジニア・営業職・経理事務・監査役・自営・社会保険労務士・看護師など）として表現されることも多く，ターゲットは「狭義の目標」と言い換えることもできます。また，ターゲットを一つに絞ることに拘泥することはなく，むしろ選択肢の多様化・拡大を支援することも大切になります。これにより現実対処がより柔軟になります。

現職・現状とターゲット・目標がかなり乖離する場合，あるいは異業種・異職種への転職などを指向する場合には，中間目標をおくことも考慮したり，目標設定に困難を抱えるクライエントの支援には，暫定目標・仮目標の設定を促したりすることも必要になります。仮に目標設定して，行動を優先する"準備に時間をかけるよりも，行動に時間をかける"という原則を意識したほうが良いでしょう。

また，目標の適切さをチェックすることも必要です。ロック＆レーサムの目標設定理論では，目標のあり方がモチベーションを方向づけるとして，努力を増大・維持させ方向性が理解できる"困難で明確な目標"が課題達成への動機づけになる，いわゆる"ストレッチ目標"の設定を勧めていることも参考にするとよいでしょう。

短期目標の階層では，目標設定は"具体的な行動の明確化"が最も重要なチェックポイントになります。前述した，目標の明確化・良い目標の設定に関するSMART・PUREなどのチェックポイントの多くは，この"ステップの階層"で活用することが適切です。短期目標をスモールステップ化して，一つ一つの小さな目標に分割することが行動計画を立てることであり，クライエントの"次の一歩"を具体化することになります。さらに詳しくは後述

しますが，この作業をクライエントと一緒に行うことがコンサルタントの"具体的展開力"です。STEP（スモールステップ）の段階を丁寧に行うことが，前述したキャリアコンサルティング技能検定の評価区分である，具体的展開をクリアすることにつながります。

e ターゲット（狭義の目標）とゴール・ステップの関係

　システマティックアプローチを前提に，目標設定の階層構造について述べてきましたが，システマティックアプローチは，段階を行ったり，戻ったり，飛んだりすることがその"宿命"とする，修正主義のアプローチでもあります。そのため，キャリアコンサルタントとしては修正技法を身につけておくことが大切になります。アイビイの"中間3技法"など修正のためのヒントとなる技法はいくつかあります。GTSモデルも常に Goal → Target → Step と進むとは限らず，相互に行ったり，戻ったりするものです（図3-4）。
　GTSモデルによる目標設定についてさらに言及してみましょう。実務上は，クライエントの語りが Goal から始まっても，Step から始まっても，Target 狭義の目標設定は可能です。

(1) Goal（ゴール）から Target（ターゲット）
　まず，Goal（揺らぎのある長期目標）からの狭義の目標設定について考えてみましょう。
　"意思"の前には"願い"があることが多く，クライエントの語る夢・願望から，現実的で具体的な仕事の事例・働いている姿を傾聴し，Target（狭義の目標）を引き出すことができます。また，クライエントの選択肢多様化・柔軟化，視野の拡大にも効果があります。例えば，Goal（「人からありがとうと言われること」という表現）が，Target としては，医療・社会福祉関係の仕事として目標がより具体的になりことがあります。また，Goal（「いつも新しいことにチャレンジしたい」という表現）が，Target としては企画職・研

図 3-4　GTS モデル　G・T・S 相互の関係

究職・新規開拓という目標になることがあります。

(2) Step（ステップ）から Target（ターゲット）

次に Step（具体的な短期・行動目標）から狭義の目標設定がされるケースについて考えてみましょう。

クライエントが踏み出そうとしている，あるいは踏み出している行動から生まれる興味・関心・得手・不得手・感情・考え方を整理し・共有します。さらに行動の積み重ねにより新しい体験や知識・情報も入り，感興が湧いたり，面白味を得たり，自身の変化に気づいたりします。そこから現実的な目標が生まれてくることもよくあることです。

当初から意図的な目標がなく，むしろ苦痛を感じていた日常のさまざまな作業であっても，あるきっかけから見直すことができたり，行動の継続により新しい出会いが起きたりすることがあります。そして，自らの行動に意味を見つけることや，やりがいを発見することも，ままあることです。

また，Target（目標）をいったん設定してみた後に，「それにより，実現したいことは何か？」などの問いかけにより，Goal（ありたい姿）を引き出し，さらにそれが目標の見直し・柔軟化を起こすという効果もあります。

　Target からさまざまな Step の設定が可能にあることは前述したとおりで，Target と Goal，Target と Step は相互に影響を及ぼします。

　G・T・S の相互関係の理解を進めるには，次のようなワークも有効です（表3-2）。

【GTS モデル・活用ワーク　事例３】　　　　　　　コンサルタント向け

＊クライエントの現状・現職と当初の来談時にクライエントが語った「目標」を例示し，その経緯や背景を説明します。

① この「目標」を Goal 願望として捉えた場合の Target 狭義の目標は何か，Step 行動は何か？

② また「目標」を Target 狭義の目標として捉えた場合の Goal 願望は何か，Step 行動は何か？

＊①・②を各々個人ワークの後に，グループシェアをします。
　このワークにおいては Target・狭義の目標が，複数になることも含めて検討することは柔軟性を高める上でよいでしょう。
＊その後に，実際のクライエントとの共同作業に応用し，活用します。

---

f 目標と現実のギャップへの対処

　クライエントの現状・現職・スキルと訴える目標の間に "かなり乖離" があるケースは，クライエントの意向を尊重しつつ，現実的なステップを踏む

表 3-2　ワークシートの例

現状・現職	「目標」	Step	Target	Goal
精密機械製造工程エンジニア 50代	パティシエ	食品製造工程の研究,製菓業界の調査	食品製造業工程管理職	①パティシエケーキ作りを見せたい
同上	同上	自営の知識,資格取得家族説得人脈探索	②パティシエ訓練・修行・資金	独立して店舗開業
ファッション・ブティック店長 40代	通関士			
ジュエリー訪問販売員 20代	ピアニスト		記入例	

ために，中間目標・暫定目標を設定することも効果的です。

　前述の"揺らぎのある目標"Goal の設定は，"曖昧でやや漠然としているが方向性はある，およその枠組みはある"という状態から出発しています。

　このようなケースは，Goal は曖昧なままでも行動を優先するために，暫定目標・仮目標を設定することが必要になります。Target（中間目標）は複数設定することもできます。しかし，多ければ，多いほどよいということでは実務的ではありません。複数といっても2〜3程度でしょう。

　コンサルタントが"乖離が大きい"と受け止めていても，クライエント自身は"乖離を大きく感じていない"ケースもあります。

　コンサルタントはクライエントの全てを把握しているわけではなく，またクライエントが"目標"の根拠となる事実や背景をまだ語っていない可能性は十分あります。

2. 目標設定と具体的支援の展開　105

表 3-3　異業界・異職種への転身　９マス・モデル
目標と現実とのギャップ[5]

	同職種	類似職種	異職種
異業界	異業界 同職種	異業界 類似職種	異業界 異職種
類似業界	類似業界 同職種	類似業界 類似職種	類似業界 異職種
同業界	同業界 同職種	同業界 類似職種	同業界 異職種

　キャリア支援の"好事例"の多くは，コンサルタントの見立てや戦略を越えて（コンサルタントにとっては思いがけない）目標を達成した事例です。すなわち"クライエントはコンサルタントを越えていく"という事例であることが多いものです。それは，コンサルタントが謙虚であることは大切な基本的態度であることを思い知らされる瞬間でもあります。

　異業界・異職種への転身で支援が難航するときには，類似業界・類似職種も含めて，中間目標を設定することも手法の一つです。この場合は表 3-3 のような「９マス・モデル」を活用することができます。この支援にはコンサルタント自身が類似業界・類似職種が具体的にはどのようなものであるか豊富な情報を持っていることが必要です。

【９マス・モデル活用　ワーク事例】
　　９マスを空欄にしたワークシートを用い，クライエントと中間目標
　設定の協働作業をします（表 3-4）。

106　第 3 章　理論から具体的実践に

表 3-4　9 マス・モデル　記入例

	同職種	類似職種	異職種
異業界	異業界 同職種	ⓐ	異業界 同業界
類似業界	ⓐ	類似業界 類似職種	ⓑ
同業界	同業界 同職種	ⓑ	

＊例えば，食品卸売業（業界）で法人営業職（職種）を担当している
クライエントが，玩具業界（異業界）の商品企画（異職種）への転職
を目標としているケースに，中間目標として玩具業界（異業界）の法
人営業職（同職種）を設定し経由する戦略をとるとき，ⓐのコースを
辿ることになります。

＊また，小売サービス業（業界）の経理（職種）を担当しているクラ
イエントが，人材サービス業（異業界）の研修講師（異職種）への転
職を目指している場合に，中間目標として，人材派遣業（類似業界）
の総務・人事（類似職種）を目指し経由する場合はⓑのコースを辿り
ます。

　一方で，乖離が大きく道筋も不確実な場合は，未来から発想するバックキャ
スティング手法・ソリューションフォーカストアプローチ，タイムマシン法
などが適しているというケースもありますので，ここでも修正を恐れないこ
とが重要です。

2. 目標設定と具体的支援の展開　107

次のような表を活用して，クライエントと協働作業をしましょう。

表 3-5　スモールステップ化　記入例

前のステップ	ステップ	次のステップ
業界先輩 A 氏のアポを取る A 氏への面談依頼メールを作成する A 氏との面談時に話す内容を3 項目に絞る	希望する業界の調査をする情報を集める	A 氏へお礼メールを作成する 業界紙 B を購読する ターゲット企業の人脈を調査する
	抽象的な表現	

g スモールステップによる行動化促進

　クライエントが"次の一歩"を踏み出す支援として，Step の段階において，クライエントと共に，短期目標を達成可能な目標に分割し，スモールステップを設定することは具体的展開・行動化への極めて重要な作業です。

　行動の小単位化には，行動科学的基本手法のうち，オペラント条件づけのシェイピング法を参考にすることも良いでしょう。

　行動について Step の段階でも，例えば「希望する業界の調査をする，情報を集める」などの抽象的な表現に留まることがあります。コンサルタントとしてはこれをスモールステップに分解・小単位化するための支援が求められます。この際に下位目標（前のステップ）のみを考えるのではなく，前と後ろの両方のステップ設定を支援する方が効果的です。具体的な記入については表 3-5 を参考にしてください。

　9 つのマトリックスを利用する手法には，真ん中に目標を置き，周囲の 8

つのマスに目標につながる行動を記入するマンダラチャートや，さらにそれを発展させたオープンウィンドウ 64 などの手法があります。これらの作成はスモールステップを具体的に記入する際の良い参考になります。

　また，スモールステップ化は，論理的で規則を重視し，集中することができるクライエントに対して，特に効果を発揮します。

3. 学習理論・行動カウンセリングの活用

a クランボルツの学習理論・行動カウンセリング

　プランドハプンスタンス・計画された偶然性や，HLT・偶発的学習理論の提唱者として日本のキャリアコンサルタントによく知られているクランボルツは，30 歳代から晩年まで一貫して，クライエントの問題を“学習の問題”としてとらえることを主張しています。「カウンセラーは，あたたかい心でクライエントに接し，クライエントを助けるために貢献するが“共感は同情となりやすく”カウンセラーはクライエントと一緒ではなく“クライエントの代わりに働く”ようになりがちである」こと。そして「カウンセラーの感情がクライエントの認知的機能を曇らせクライエントを同じような状況にしてしまう」[6] ことを指摘しています。

　さらに，クライエントは大きな目標（一般的・究極の入手困難な目標）を持ちがちであること。目標は行動の結果として即時的に現われ観察することができる目標であること。“クライエントを共感的に理解する”ことより，“共感的に理解してくれる友達ができるように支援する”ことなども述べています。

　晩年の 80 代には「幸せで成功した人は“計画に費やす時間を減らし，行動に費やす時間を増やしている”」ことを踏まえて“とにかく早く行動を起こし，早く多く失敗して学ぶこと”を強調しています[7]。

そして失敗を恐れずに行動を起こすために"完璧主義を避け，即行動を起こす"，行動し直接体験する現地現物主義，異なる視点を提供できる人間関係の形成，初めてのように事象を見ることなどを提唱しています。

　クランボルツの行動的アプローチ・社会的学習理論・偶発性学習理論を中心に，現場でどのように活用することが可能なのか，以下に述べてみたいと思います。

b 学習理論の活用による問題把握と行動化

　キャリアコンサルタントの初心者の一部や，来談者中心療法を特に大切にするキャリアコンサルタントの方の中には，感情に焦点を当てることに極めて敏感で"クライエントの感情表現は漏らさず伝え返す"ことに過度にこだわる傾向が見られることがあります。カウンセリングのトレーニングの過程で，感情に応答することを厳しく指導されている状況があったであろうことは容易に推察できます。

　確かに感情表現に応答することは，クライエントへの受容・共感に大切な要素です。しかし，例えば，感情表現が"辛い・苦しい・悲しい・悔しい"などのネガティブな表現が繰り返される場合に，その都度，常にそれに応答していたのでは，かえってネガティブな感情を強化してしまうこともあります。

　クライエントの訴える感情・認知・行動・事実に対してキャリアコンサルタントは"どこに焦点を当てて強化することがキャリア支援として効果的なのか，クライエントの訴えに対してどのように応答することにより，行動化を促すことができるのか"という観点から見直してみることも必要ではないでしょうか。

　クランボルツは，事例として「私は，私の将来の計画をどのようにして決定したらいいのか，まったく混乱してしまいます。私はどこから始めたらよいのかわかりません」というクライエントの訴えに対しては，感情に焦点を

当てると「全く混乱してしまっているんですね」と応答することになるが，行動に焦点を当てると「どこから始めたらいいのか，知りたいのですね」と応答することになり，行動を促すためには後者が適切であるとしています[6]。

　感情に焦点を当てることに強いこだわりがあり，柔軟性に乏しいキャリアコンサルタントに対しては，上記の事例と同様の問いを設定し，行動に焦点を当てる応答の訓練も効果的です。

【行動への焦点化トレーニング　事例】

① トレーナーより，以下の事例についてBの方が行動に焦点を当てた応答であり，行動を促す可能性が高まることを説明する。

〈例1〉

50代の求職者「これまで通りの年収を希望しています」

支援者A「これまで通りの収入が必要なのですね。これまでの経験で何が活かせそうですか？」

支援者B「なるほど，では所内に自分で調べられる探索機があるので，少し希望する求人を探してみてください」←行動化を促進

〈例2〉

若年の求職者「最終面接になると緊張してしまって，いつもうまくいきません」

支援者A「面接の時にどんな気持ちになりますか？　ついつい考えてしまうことはありますか？」

支援者B「モデル面接の動画がありますので，それをご覧いただいてから，練習しましょう」　← 行動化を促進

② トレーニーの提供事例・逐語記録の中から，特に問題把握の段階での応答をピックアップし見直す。

> 行動に焦点を当てた場合，どのような応答が可能であったか検討
> する。
> グループでの検討も効果的です。

　念のために申し上げますが，このワークは感情に対する応答を否定するものではありません。感情への応答は受容・共感には大切な要素です。

　しかし，濃いグレーゾーンを除く"健常者"を対象とするキャリア支援の際には，何度も繰り返して感情に応答することを続けることが効果的であるとは限りません。実務上は「感情表現に応答するのは2回までとして，3回目からは感情と認知・行動の双方に焦点を当ててみる，あるいは感情よりも認知・行動に焦点を当てるというのが私の現実的な対処法です。

　この時に，相談者の反応・与えた影響度を観察して，柔軟に修正することが必要なのは言うまでもありません。

c 社会的学習理論，計画的偶然性理論，偶発的学習理論

　社会的学習理論におけるキャリア意思決定（SLTCDM：Social Learning Theory of Career Decision Making）においてクランボルツは，職業選択行動は学習の結果であり，キャリア開発は学習プロセスの結果であるとして，そのプロセスに影響する要因として①遺伝的要因　②環境的要因　③学習経験④問題解決スキルを挙げています。さらにキャリア・カウンセリングの目標として，変化し続ける仕事環境において，満足のいく人生をクライエントが作り出していけるように，スキル・興味・信念・職業習慣・個人特性に関する学習を促進させることとしています。

　以下の計画的偶発性理論，偶発的学習理論については，日本のキャリアコンサルタントに広く受け入れられている理論ですが，まずその概観を述べておきます。クランボルツの諸理論に精通されている読者の方は，このcの記述は飛ばしてdの記述に進んでください。

ミッチェル，レヴィンと共に発表した計画的偶発性理論（Planned Happenstance）は，キャリアの 80％は予期しない出来事によって決まることを指摘しました。このことは日本の多くのキャリアコンサルタントの"琴線に触れ"受け入れられているようです。さらに人生で遭遇する（偶然に起きる），予期しない出来事を有効に活用すること，偶発的な出来事も自己のキャリア形成に積極的に活用すること，"偶然を必然化する"行動を推奨し，具体的な出来事が起きる前には，自己のさまざまな行動があり，その行動が次に起きる出来事を規定していると述べています。

　すなわち，予期しない出来事を避けるのではなく，むしろ自ら創造すること，予期せぬ出来事がどうなるかを探索するために行動を起こすことが大切であると述べています。常にチャンス・予期せぬ出来事が起きる時に備えて，オープンマインドであることや未決定・未完成は，学習効果をもたらすために必要で望ましいものであるとしています。そこに新たな学習が生まれ，新たな行動，新たな変容が生まれます。

　現場で，私はクライエントに対して，準備を全くしないということではなく"ある程度は準備をする"ということを勧めています。それが準備段階での行動になります。偶然が起きてもキャリア・チャンスとして掴むかどうかは，その人の主体性にかかってきます。

　ある組織において営業情報部門に所属していた時に「情報は自分を生かしてくれる人を探している」「情報は相手の顔を見て，自分を生かしてくれるかどうか判断しながらやってくる」と言っていました。"完璧な準備はありえませんが，準備をしなくてもよいわけではありません"常に関心を持って"ある程度の準備"をしておくから情報・チャンスはやってくる，何が情報でありチャンスであるか分かるようになる，とも言えるのです。

　計画的偶発性理論は偶然を単なる受け身で待つのではなく，偶然にかかわる自分の行動を生かしていくという理論です。日常生活で出会うさまざまな機会を，キャリア形成につながる可能性のある機会として認識したり，そ

のような機会を積極的に作り出したりして，チャンスとして活用するスキル
の必要性もよく知られています。

　偶然を生かすためのスキルとして，ミッチェル，レヴィン，クランボル
ツが示した，次の5つがよく知られています。

　　①　好奇心　（興味・探索）
　　②　持続性　（継続力・耐性）
　　③　柔軟性　（変化対応力）
　　④　楽観性　（肯定的認識）
　　⑤　冒険心　（始動・リスクテイク）

　上記の偶然性理論を，より学習行動にウエイトを置いて整理した，偶発性
学習理論（HLT：Happenstance Learning Theory）においては，人の行動は，
計画された状況と計画されなかった状況によって入手される，無数の学習経
験の所産であるとしています。そして職業選択は，学習の結果であって，過
去に起きた出来事と将来起きるかもしれない出来事を結び付けて解釈した結
果であると述べています。

　計画されていないイベントを管理し，その学習過程に貢献し，誰もがより
満足できる人生を創造できるように支援するために，次の4つの支援ポイ
ントを挙げています。

　　①　支援のゴールは，行動化を学習すること
　　②　アセスメントは，学習を刺激すること
　　③　冒険的・探索的行動を，学習すること
　　④　評価は，クライエントが達成したものによること

　ここまでは，よく知られたクランボルツの理論です。それでは，これらをど

のように日本の現場のキャリアコンサルティングに活かせばよいのでしょうか。

d 学習理論のシステムとボトルネック

キャリアコンサルティングはシステマティックアプローチが原則であるとするとき，1節「c 問題把握の後にどうするのか」でも述べたゴールドラットの物事の因果関係を捉えるシステム改善ツール，プロセスマップが参考になります。

プロセスの制約となっているボトルネックを見つけ出し，そこを強化することでプロセス全体の改善を図る TOC（Theory of Constrains）制約理論です。

TOC は製造業を事例としていますが，他の業種においてもシステムに着目したときには同様の現象を見ることができます。（経営学の知見をカウンセリングに持ち込むことを嫌悪する方がおみえのことは承知いたしておりますが）キャリアコンサルティングにおいても，スループットである行動を制約しているボトルネックはどこかを把握することはクライエントの行動化を促す事に効果を発揮します。

支援現場において，計画的偶発性理論の5つのスキルを意識しつつクライエントの行動化を促す支援を進める際に，行動化のネック・妨げになっている課題（ボトルネック）が，よく現れる順序（図3-5参照）があることに気づきます。このことは支援を効果的に進めていくうえでのヒントになり，各段階でのネック・妨げになっているポイントチェック・課題の把握を可能にします。

すなわち，クライエントの行動化はどこで行き詰まっているのか，あるいは挫折しているのかを把握する際には，好奇心 → 冒険心 → 持続性 → 楽観性→柔軟性という順を，ポイントのよく現れる順序として記憶しておき，システマティックにボトルネックを点検してクライエント支援に役立てることができます。

この行動化のプロセスにおける活用スキルの順序に関連しては，吉川

3. 学習理論・行動カウンセリングの 活用　115

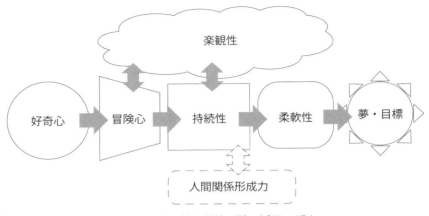

図 3-5　計画的偶然性理論　活用モデル

筆者作成

(2023) も「一連のプロセスで最も重要なことは本人の好奇心がベースにあり，好奇心が最も重要で起点になる」[8]と述べています。

実務的には，必要スキル・行き詰まり・妨げのチェックポイントを，私は図 3-5 のように整理して使用しています。

余談ですが，キャリアコンサルティング関連資格試験の受験対策として，5 つのスキルを語呂合わせで覚えようとする方もあるようですが，5 つのスキルが必要となる順序を思えておけば，自然に記憶できるものです。

偶然を生かすためのスキルチェックとして，各スキルの尺度開発もされています。浦上・高綱・杉本・矢崎ら（2019）は，上記の 5 つのスキルに欠落する「紐帯スキル：他者とのつながりに関するスキル」として"人間関係形成力"を加え，6 つのスキルとして「計画的偶発性理論を背景とした境遇活用スキルの測定」尺度を開発しています。人間関係スキルを加えることは，1 人より周囲の集団との協働による挑戦が多い，日本におけるクライエント

116　第 3 章　理論から具体的実践に

図 3-6　偶発的学習理論のシステム

筆者作成

支援にフィットするものと受け止めています。また，この測定尺度を活用することは，クライエント行動化への課題（ボトルネック）を早期に把握することにも役立ち，クライエントとの課題の共有もスムースになります。測定尺度は6つのスキルの頭文字より CPFOST と名付けられています。

クランボルツの偶発的学習理論で提示されている4つの支援に関しては，支援現場では，学習刺激 → 行動学習 → 行動化 → 評価というプロセスとして順に現れることがよくあります。このことは前述の偶発性理論の5つのスキルと同様に支援をシステマティックに進めていくうえでのヒントになり，各段階でのネックになっているポイントチェック・課題の把握を可能にします。

実務的には図3-6のように整理しています。

e 抵抗するクライエントへの支援

(1) 偶発を待つクライエントへの問いかけ

行動化を促す支援をさらに具体的に述べてまいりたいと思います。

これまで述べてきた偶発性理論による行動化の5つのスキルを受け容れら

れないクライエントは珍しくありません。むしろ人は行動変容を避けようと抵抗することが通常でしょう。

"好奇心というよりは無関心を装う""冒険は避けて慎重に様子を見る""楽観的というより悲観的あるいは諦め""持続力が尽きて挫折・放棄""柔軟性の逆に，より硬直的になる"。これらの状況のクライエントに学習行動を促す支援策はどのようなものでしょうか。関係構築，感情・認知・行動的アプローチ，能力開発・訓練・スキル習得・情報提供，目標設定・期待・達成確率，環境・適応・葛藤対処・変革……さまざまに検討が可能ですが，今回は行動的アプローチを中心に，支援結果としてクライエントの変化・行動化が現れることを主として考えてみましょう。

偶発性理論に共感するクライエントの中には，受け身の偶発待望型の方もあります。「人生は偶然によって決まるのだ。偶然が起きるのは運・不運だ。これを待つより仕方がないのだ」。極端な運命論のようですが，これに近い気持ちで開き直り，諦めているクライエントも来談されます。

例えば，次のようなワークもあります。

【行動化ワークの事例】　　　コンサルタント，クライエント双方に活用可

北原白秋作詞・山田耕筰作曲による「待ちぼうけ」という歌があります。中国の故事"守株待兎"をベースとする歌で，

待ちぼうけ　待ちぼうけ　ある日せっせと　野良稼ぎ

そこへ兎が　飛んで出て　ころり転げた　木の根っこ

という歌い出しを中高年の方はお聞きになったことがあると思います。

ある日の農作業中に，森の中から飛び出した兎が"偶然"木の切り株にぶつかり頓死します。獲物（兎）を得た農夫は，次も同様のことが起こると思い込み，以後は畑仕事をやめて，次の兎が飛び出すのを待ちます。しかし二度と兎は現れず，畑は荒れ放題になり，寒い

冬を迎えてしまうという歌詞です。偶然に頼らず勤労を，という教訓の歌でしょう。

　この待ちぼうけになっている農夫に対して，どのように問いかけるのか。感情的アプローチ，認定的アプローチ，行動的アプローチ，能力開発的アプローチ，環境介入的アプローチ，各々のアプローチ手法から検討してください。

　このワークは，キャリアコンサルタントの基礎的な力である，"特定の理論に捉われず，多様なアプローチを選択して使い分ける力"を身につける効果もあります。

(2) 好奇心・行動化を否定するクライエントへの対処

　行動を取らないことを正当化することが"得意"なクライエントにも出会います。他者配慮，感情・関係性重視，散漫，不安定なパーソナリティのクライエントの気持ちもコンサルタントとして予め知っておき，それをいったんは受容することも行動化支援には必要です。

　クランボルツとバビノーは，"Fail Fast, Fail Often——How Losing Can Help Win"の中で，クライエント自身が好奇心を殺す質問や，行動を否定することを正当化する考え方を例示しています。

　　上記の発言あるいは，考え方を持つクライエントに対して，キャリアコンサルタントとして，どのように応答しますか？

"このクライエントには，なぜ次から次へと不運・災難が起きるのだろうか"とさえ思ってしまう事例に出会うことがあります。しかし，そのようなケースにも，ネガティブな感情をさらに強化しないように留意することは必要です。いったんはネガティブな感情・認知を受け容れつつ，注意深くクライエントの反応を観察します。相談に来ている多くのクライエントは"今の自分の状態を受け容れ難い"という"もやもや感"を持っている確率は高く，

3. 学習理論・行動カウンセリングの活用　119

```
【ネガティブワークの事例】 好奇心を殺す質問

＊時間がない                    ＊他にやらなければならない
＊得意ではない                    ことがある
＊お金がかかりすぎる              ＊才能・知識・能力がない
＊実用的な見返りはあるのか        ＊実用的な見返りはあるのか
＊確信がないならやめておこう      ＊他人にどう思われるか
＊相手の気持ちが分からないのに    ＊行動にはストレスがかかる
　声をかけられない              ＊期待しないでおこう
＊誘って断られたら傷つく          ＊人間関係が悪くなる
＊自分は不器用だから無理
```

上記の発言あるいは，考え方を持つクライエントに対して，キャリアコンサルタントとして，どのように応答しますか？

そこに焦点を当て，クライエントの中にあるアンビバレンスを顕在化させ，自己矛盾に気づき，自己対決から行動化へと進むような支援を心掛けてみましょう。

（3）偶然の引き寄せ方，活かし方

　消極的なクライエントに対して，運・不運にかかわらず，偶然の前後に何があったのか，どのような行動をとったのかを思い出してみるワークもあります。
　偶然の出来事は，それが起きる前の行動が伏線になっていることと，その偶然の出来事をどのように捉え（認知し）て，その後どのような行動を起こしたかによって，偶然の出来事の意味が変わってくることに気づく，偶然の捕まえ方や活かし方についてのワークです。

【ワーク事例】偶然の出来事とその前後（表3-6）

① これまでの人生で出会った偶然の出来事を思い出してみる
　　特に印象に残る３つ以上　出来事には幸運以外に不運，災難も含む
② 偶然の出来事に出会ったときの前後に，何が起きていたのか，自
　　分がとった行動はどのようなものかを思い出してみる
③ 前後の行動に関する所感を記入し，共通していることを探索して
　　みる

表3-6　偶然の出来事の前と後

	②：①の偶然の出来事に出会ったその前に自分がとった行動を記入	これまでの人生に残る偶然の出来事（幸運・不運）を記入	③：①の偶然の出来事に出会ったその後に自分がとった行動を記入
1	A市の就労困難者支援講演会に講師として登壇した。聴講者に保護司の方が数人見えた。	ある日，B市より，保護司を委嘱したい旨の打診があった。	退職後に新たに始めた新しい活動が多忙になり始めており，辞退した。
2	数年前の市場調査レポートでC地区の新規事業の可能性について報告した。	全く異なる業務に携わっている時に，突然，新規プロジェクト担当のため，C地区のD社へ出向の打診があった。	出向は初めてであり驚いたが直感的に"自分の仕事"のような気がして，出向を応諾した。
3	1週間前ぐらいから，プロジェクトチームになかなか"裏情報"が入らなくなった。	「負けるはずがない」と言われていたコンペティションに負けた。	事後に，迷惑をかけた関係者にお詫びの説明に回る中で，次の計画の情報を察知した。
＊			

3．学習理論・行動カウンセリングの 活用　121

＊最下段に，所感を記入する欄や共通する事柄を整理する欄を設ける
のもよい手法です。①（中央）の欄には，不運・不都合な偶然も記
入してください。

　ある偶然の出来事を引き寄せた行動がどのようなものであったかを
思い出し，意識，無意識にかかわらず，行動の大切さに気付けるよ
うに支援します。
　また，②事前に行動したことのみではなく，③事後にとった行動
も思い出し，その共通点を探してみると，より効果があります。そ
れをチャンスととらえたのか，不運・不都合ととらえたのか，とら
え方と事後の行動，後悔しがちな選択・行動の傾向，さらにその影
響について見直し，相互の繋がりについて理解を深めます。偶然の
出来事が良い影響を与えたケースと不都合な影響を与えたケースの
どちらか一方を取り上げるより，双方を混在させて実施する方法も
とってみると良いでしょう。

4. 行動的アプローチの活用

a レスポンデント条件づけ・オペラント条件づけの使い分け

　キャリアコンサルティングの現場で広く活用されているシステマティック
アプローチは，行動的アプローチの発展形ということもできます[9]。行動化
で行き詰まるクライエントの訴えには，"自信がない，勇気がない，やり方
が納得できない，動けない，動きたくない，まだ動かないほうがいい，ど
うせだめ"という行動の回避・留保に関するもの。"同じやり方にこだわる，
運が悪いだけだから，手法を広げない，そのうちに……，良いことをしてい

ても続けない，行動をしているから許される，やっているのだから悪いのは自分じゃない"という不適切行動の繰り返しや，一部適切でも続けない，あるいは疾病利得の可能性があるもの。"どうしたらいいのか分からない，もっといい方法を知りたい，ノウハウがない，やり方・方策が分からなくなった，無理じゃないか，きっかけがない，いつかできるようになる"という行動の戦略・能力・スキル・機会に関するものなど，多岐にわたっています。

　キャリアコンサルティングにおいて，行動的アプローチはこれらの訴えを，職業選択における保留・回避・不安・不適切さ，情報不足，中長期的不安，目標設定，現実性，選択葛藤などの行動上の問題として捉えています。

　行動的アプローチの基本手法としては，まずレスポンデント条件づけとオペラント条件づけを挙げることができます。ウォルピらのレスポンデント条件づけ・古典的行動主義は，態度・感情の学習を促進し，"その気にさせる，こうすれば→こうなる"ということを学習します。代表的な手法は，系統的脱感作・主張訓練・暴露訓練などです。スキナーらのオペラント条件づけ・道具的条件づけ・新行動主義は，自発的行動 ＋ 結果 → 行動の変化 → 行動強化"こうなるから → こうする"ということ，どう動くと良いかという行為・スキルを学習します。代表的な手法は，シェイピング法，トークン・エコノミー法などです。

　現場での応用として，レスポンデント条件づけ・オペラント条件づけの使い分けについては，木村周（2018）が述べているように，レスポンデントからオペラントへという流れを覚えておくと便利です。すなわち，まず意思決定に伴う不安を除去する反射的条件づけ（レスポンデント条件づけ）を手段として行う。次に，道具的学習（オペラント条件づけ）・情報収集などを支援するという流れです [10]。

　上記の行動的アプローチの選択プロセスを図式化すると，図 3-7 のように示すことが可能です。

　この流れを覚えておくと，現場での適切な選択に役に立ちます。

4．行動的アプローチの活用　123

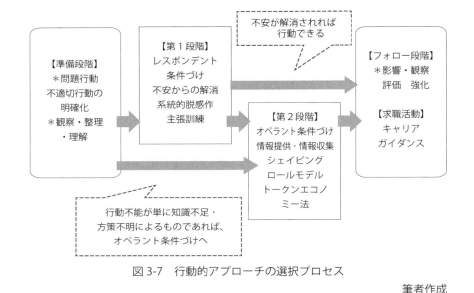

図3-7　行動的アプローチの選択プロセス

筆者作成

b 行動化・行動計画作成の支援

　スキナーのオペラント行動アプローチを現場に応用した行動療法・行動修正の手法として，ジョブクラブ・アプローチがあります。アズリンとベザレルは「就労支援の現場では，いくらカウンセリングをしてみても，出口がなければ意味がない」と述べ「クライエントに仕事を見つける」という"結果指向"の行動主義の手法を紹介しています[11]。セッションとしては，①プログラムの説明　②ジョブリード（情報源リスト・記録）　③面接手配・支援　④求人応募　⑤フォローアップ。ツールとしては,毎日の活動概要に始まり，情報につながるリスト，表現のサンプル，職務経歴書のサンプル，面接チェックリストなどプログラムの明確化・集中訓練・モデリングなど，豊富な就労支援ガイダンスに関するツールが，行動主義心理学をベースに提示されてお

り実用的です。

　行動計画（アクションプラン）の作成と実行フォローの重要性については，多くの理論家がその手法を述べています。

　社会構成主義アプローチからも，ガイズバース，ヘップナー，ジョンストンは，計画の立案について，

---

　①立案の必要性の早期伝達　②無理のない計画　③有意義で客観的な基準　④多くの方法による強化　⑤プロセスの個人化　⑥不活性への理解と支援

などをあげており，現場で役に立つチェック・ポイントです。

　またサビカスは，意志を行動に変えるための"情報探索行動"として，

---

　①書く　②観察する　③読む　④聴く　⑤訪問する　⑥話す

という6つの活動の実行を勧めており，この観点も実用的です。

　さらに，マリーは，社会構成主義のツール「キャリア興味プロファイル（CIP：Career Interest Profile）個人キャリア・ライフストーリー・ナラティヴ」において，行動計画・アクションステップへの前進のため，具体的に以下の8項目を提案しています[12]。

---

①　家族，友人・知人，教師，雇用主・同僚などの関係者と話し合い
②　訓練機関から情報収集，研究・分析
③　仕事情報入手のため，個人や機関とのネットワーク構築と現実吟味
④　ソーシャルメディア，ネット，図書館の活用による調査
⑤　インターンシップ，メンタリング，現場訪問，インタビュー
⑥　雇用主の観察，雇用主への質問

4．行動的アプローチの活用　125

⑦　モデリング，情報源書籍・動画・パンフ資料

⑧　トライアル雇用，ボランティア活動

　他にも行動的アプローチの技法を応用しているキャリア支援として，地域資源活用アプローチ，個別職業紹介型サポートモデル（IPS：Individual Placement and Support），ストレングス・モデル，環境支援型アプローチ，解決志向型アプローチ，開発的アプローチ，モデリング，認知行動療法などの多数の手法が現場で活用されています。

c　ガイダンス・マーケティングの手法

　前述のさまざまな手法を現場に応用していくうえでは，行動化のきっかけ（スタートスキル）のみでなく，行動の維持・継続，挫折時の支援が重要になります。その中でも情報開拓力・提供力，求職（就職活動）手法の多様化・マーケティング力の向上が大きなポイントになります。

　求人案件・情報をどのように探索するのか，このノウハウについて（民間では，個人・各組織の中に秘匿されることがある分野ですが），その探索を担う求人開拓職の行動調査をしたことがあります。それによれば，求人の開拓・情報入手には20以上のチャンネルがあることが分かってきました。

　その情報入手の経路を，あえて分類してみると以下の8つになります。

【情報探索チャンネル】　　　　　　　　　　（主として社会人対象）

①　求人開拓職の個人的人脈，所属組織の持つ人脈ネットワーク

②　過去の求職（就活）者ネットワーク，金融機関・提携外部ブレーンなど

③　営業開拓活動，飛び込み，企業へのダイレクトメール・直接訪問

④　広告・求人誌・公的機関（ハローワークなど），転職展・就職展

⑤　ソーシャルメディア・求職サイト，ホームページ・広告

⑥　人材紹介・派遣・ヘッドハンター，アウトソーシング，サーチファーム

⑦　各種就労支援機関・調査機関，専門誌・業界紙・書籍

⑧　企業展，企業データベース，業界データベース，商工会議所・商工会

　学生の就活支援対象の場合は，これにキャリア支援室，企業説明会，

　インターンシップ，OB・OG訪問などが加わります

　情報探索・マーケティング活動において多様なチャンネル活用を維持していくことは，クライエントの行動の継続という観点から大きな意味を持ちます。行動の過程でさまざまな困難に立ち至っても，挫折することなく行動を続けているクライエントの就職手法・情報入手経路，すなわちマーケティング手法を観察してみると，手法を一つに限定せず，複数の手法を組み合わせて活用していることがわかります。その手法・情報源は，大きく分けると2つあります。開示されており，量も多いが競争率が高い傾向にある顕在情報と，非開示で入手には手間がかかるが，相対的には競争率の低い潜在情報です。

　さらに手法をグループ化してみると，顕在情報は公的機関情報（ハローワーク・特有のニーズ対象機関・地域資源など），人材サービス業（紹介・斡旋・派遣・請負など），ソーシャルメディア・求人情報サイト・企業HP・広告媒体・求人誌・新聞・転職展・企業合同説明会などに分けることが可能です。

　潜在情報は，ダイレクトメール（ターゲット企業への直接訴求，地域・業種特定のマス・メーリングなど），ネットワーキング（人脈の波及的活用，オープンネットワーク，クローズドネットワークなど），契約先情報（就職支援機関情報，ヘッドハンター，サーチファームなど）があります。

　さらに顕在情報・潜在情報双方のケースがありますが，独立・自営，新規ビジネス起業という手法もあり，これを合わせると7つのグループに分けることができます。

　ダイレクトメールやネットワーキングは，欧米直輸入手法であり，日本人・

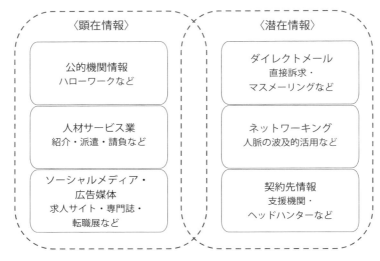

図 3-8　顕在情報と潜在情報

筆者作成[13]

日本の風土文化には合わないとの指摘もあります。しかし，この手法の手順を丁寧に説明して支援すれば，ローカライズすることは可能であり，大きな効果を生むことがあります。

　活動がやや長期化しても行き詰まらず，粘り強く，より満足度の高い職業を探求できる人の特徴は，前述の7つの手法のうち，顕在・潜在の一方に偏らず3つ以上の手法を活用しているケースが典型的なものです。

　今後，これらの行動化に関するガイダンス手法について，クライエントの状況や労働市場・社会的要請の変化を踏まえたさらに実践が積み重なり，整理され，手法と支援効果の関連について示されることが望まれます。

d　変化の時代と行動化支援

　「百のカウンセリングより，一つの情報」と言われるように，効果的な情

報提供はクライエントの行動化に大きく影響します。それに対して「百の情報があっても，一歩も動かないクライエントがいる」というのもその通りです。結局は両方が事実であるということです。

　変化の激しい時代には，キャリアは自ら構築する必要があり，社会構成主義・構築理論，ナラティブアプローチが効果的であるとする説はその通りでしょう。また，個人の変革支援よりも，社会の変革，ディーセントワークの確保，生計の維持の支援が大切とする社会正義のキャリア支援，キャリア支援の社会福祉的展開，コーディネート機能も極めて大切です。さらに，戦争による過酷な不条理であるとか，地震・津波・風水害などの自然災害の圧倒的な力は，私たちに激しい変化を突き付けており，心的外傷対処，レジリエンス・回復支援の必要性も喫緊の課題です。

　多様な理論・支援手法は，それぞれ意味のあるものですが，いずれの支援も万能薬ではありません。ただ，行動に関して焦点を当てた時に「具体的に動けば，具体的な結果が出る」ということは変わらない事実です。

　カール・ヒルティは『幸福論』の中で次のように述べています。

　　まず，何よりも肝心なのは，思い切ってやり始めることである。仕事の机にすわって，心を仕事に向けるという決心が，結局一番難しいことなのだ。一度ペンをとって最初の一線を引くか，あるいは鍬を握って一打ちするかすれば，それでもう事柄はずっと容易になっているのである。

　　ある人たちは，始めるのにいつも何か足りなくて，ただ準備ばかりして，なかなか仕事にかからない。また他の人たちは，特別な"感興"が湧くのを待つが，しかし"感興"は仕事に伴って，またその最中に最もわきやすいものなのだ。仕事は，それをやっているうちに，前もって考えたのとは違ったものになってくるのが普通である。[14]

4．行動的アプローチの活用　129

"やる気に頼る"というような仕方で仕事をするのではなく，まず着手行動，そこから感興・面白味がわき，そして仕事を深く味わうという妙味が生まれる。

　VUCAの時代という言葉がなかった1世紀前にも，まず一定の時間を仕事・行動にささげることの大切さと，仕事は変化することが，その本質であることを伝えてくれています。

【引用文献】
1）N・アムンドソン（著）高橋美保（監訳）君津和子（訳）（2018）キャリアカウンセリング—積極的関わりによる新たな展開　誠信書房
2）木村周，下村英雄（2022）キャリアコンサルティング理論と実際 6訂版 第14章第2節 雇用問題研究会
3）木村周，下村英雄（2022）キャリアコンサルティング理論と実際 6訂版 第14章第3節 雇用問題研究会
4）下村英雄（2023）システマティック・アプローチ——方策の実行 目標設定の意義　MCC 東海＆ロビンズ倶楽部 TOKYO ジョイントセミナー日本
5）日本ドレーク・ビーム・モリン（2003）キャリア・カウンセリング・マスタープログラム 実践編 目標設定・キャリア戦略立案　日本DBM研修事業本部
6）J・D・クランボルツ（著）中澤次郎（訳）（1970）カウンセリングの革命——行動カウンセリングの理論　誠信書房
7）Babineaux, R., Krumboltz, J.（2013）*Fail Fast, Fail Often: How Losing Can Help You Win.* New York: Tarcher Penguin,
8）吉川雅也（2023）ハプンスタンス学習理論実践のための理論的枠組みと現代的意義　キャリア教育研究
9）下村英雄（2024）キャリアコンサルティング 理論と実際 6訂版 2024年度 連続講座 第1回　雇用問題研究会
10）木村周（2018）キャリアコンサルティング 理論と実際 5訂版　雇用問題研究会
11）ネイザン・H・アズリン，ヴィクトリア・A・ベサレル（著）津富宏（訳）キャリアカウンセラーのためのジョブクラブマニュアル——職業カウンセリングへの行動主義的アプローチ　法律文化社
12）Maree, J. G.（2021）*Career Interest Profile: INDIVIDUAL CAREER-LIFE STORY NARRATIVE.* JVR Psychometrics Pty Ltd.
13）藤田廣志（2019）プラクティカル・キャリアコンサルティング 11 キャリアガイダンス 求職手法・マーケティング 第113回　MCC 東海
14）C・ヒルティ（1961）幸福論　岩波書店

【参考文献】
アレン・E・アイビイ，メアリ・B・アイビイ，福原眞知子（2004）マイクロカウンセリング

の理論と実践　風間書房

安達智子，下村英雄（2013）キャリア・コンストラクションワークブック——不確かな時代を生き抜くためのキャリア心理学　金子書房

榎本和生（2018）クランボルツ博士が懸念するキャリアカウンセリング問題の解決を試みる　多摩美術大学教育研究

藤田廣志（2019）問題把握と環境介入トレーニング §3 問題把握の実務　MCC 東海，ロビンズ倶楽部 TOKYO

藤田廣志【キャリア理論】クランボルツ　廣川進，下村英雄，杉山崇，小玉一樹，松尾智晶，古田克利（編），日本キャリア・カウンセリング学会（監）（2022）キャリア・カウンセリング エッセンシャルズ 400　金剛出版

藤田廣志（2024）行動的アプローチの活用——行動的アプローチ・学習理論の活用 第 173 回 MCC 東海

エリヤフ・ゴールドラット（著）三本木亮（訳）（2001）ザ・ゴール——企業の究極の目的とは何か　ダイヤモンド社

ノーマン・C・ガイスバース，ジョセフ・A・ジョンストン，メアリー・J・ヘプナー（著）日本ドレーク・ビーム・モリン株式会社ライフキャリア研究所（訳）（2002）ライフキャリアカウンセリング——カウンセラーのための理論と技術　生産性出版

木村周・下村英雄（2022）キャリアコンサルティング 理論と実際 6 訂版　雇用問題研究会

J・D・クランボルツ（著）中澤次郎（訳）（1970）カウンセリングの革命——行動カウンセリングの理論　誠信書房

J・D・クランボルツ，A・S・レヴィン（著）花田光世，大木紀子，宮地夕紀子（訳）（2005）その幸運は偶然ではないんです！　ダイヤモンド社

下村英雄（2023）キャリアコンサルティング 理論と実際 6 訂版 連続講座 第 2 回——キャリアコンサルティングの諸理論 - 2　雇用問題研究会

下村英雄（2024）キャリアコンサルティング 理論と実際 6 訂版 連続講座 第 1 回——キャリアコンサルティングの基本的態度とアプローチ 第 5 節　雇用問題研究会

浦上昌則，高綱睦美，杉本英晴，矢崎裕美子（2017）Planned Happenstance 理論を背景とした境遇活用スキルの測定　南山大学紀要

渡部昌平（編著）下村英雄，新目真紀，五十嵐敦，梛野潤，高橋浩，宗方比佐子（著）（2015）社会構成主義キャリア・カウンセリングの理論と実践——ナラティブ，質的アセスメントの活用　福村出版

渡部昌平（2016）はじめてのナラティブ／社会構成主義キャリア・カウンセリング——未来志向の新しいカウンセリング論　川島書店

第 4 章

研究者，実践家の
アクションプランの実際

新目　真紀

1. 行動と変化を促す

a なぜ今「行動と変化を促す」必要があるのか

　変化する社会に向けた提言は，各国から発信されています。筆者は2000年から欧米の企業向けの人材育成に携わり，2010年頃から日本であまり紹介されていなかった社会構成主義に基づくキャリア支援を紹介してきました。2015年には『社会構成主義キャリア・カウンセリングの理論と実践』の「第2章　社会構成主義アプローチの実際」を担当し，研究者，実践家としての活動実績を紹介しました。また2021年には，2019年にCERICから出版されたナンシー・アーサー，ロベルタ・ノート，メアリー・マクマホン編集の"Career Theories and Models at Work: Ideas for Practice"を翻訳した『現場で使えるキャリア理論とモデル——実践アイデア　選択章訳』の翻訳に携わりました。"Career Theories and Models at Work: Ideas for Practice"は，カナダのオタワで開催された全米キャリア開発協会（NCDA）での活動を発端に出版された書籍で，現在世界各国で翻訳出版が進んでいます。原本には43編のキャリア理論とモデルが収められていますが，日本語版では，日本に馴染みのある28編のみが紹介されました。筆者はフランスやドイツ資本の企業向けに人材育成の支援をした経験から，アメリカで誕生したキャリア理論をそのまま日本で活用するより，欧州の実践を参考にした方が，日本には馴染みやすいと感じています。それは，欧州では新しい理論やモデルを導入する際に，国ごとの文化や習慣の差，学校や職場，地域といった社会的位置づけの違い，歴史的な蓄積等に配慮しているように感じるからです。

　そのような理由で，筆者は"Career Theories and Models at Work: Ideas for Practice"の翻訳出版と同時期に欧州の研究者であるコーヘン・

スカリー，ロシエ・ジェローム，ラウル・ノタ編集の "New Perspectives on Career Counseling and Guidance in Europe" にも注目していました。この本は，European Doctoral Programme in Career Guidance and Counseling（以降 ECADOC）が 2014 年にイタリア，2015 年にフランス等で開催した「将来のキャリア従事者に関するサミット」において導き出された，研究のためのフレームワークの議論が紹介されおり，"Career Theories and Models at Work: Ideas for Practice" で紹介されている理論も多数紹介されています。

　本章では，"New Perspectives on Career Counseling and Guidance in Europe" の第 1 章にあるバウマンの『リキッド・モダニティ』の世界観を皆様に紹介するところから始めます。現代のキャリア支援は「外部から与えられる行動規範が減少し，生きる拠り所となる自分の望む価値を自分自身で見出ださなければならなく」なっています。リモートワークが一般的になり，ワーケーションやギグワークといった新しい働き方が登場するなど働き方が変化し多様化していく中で，キャリア支援者には，働き手ごとに異なる期待や可能性に即して支援スタイルを変えることが期待されています。

　『リキッド・モダニティ』は，日本では『液状化する社会』と訳されて出版されました。重く堅固な「ハードウェア」型の社会から，軽く柔らかな「ソフトウェア」をキーワードとする社会への変化を描き出しています。バウマンが指摘するように，現代は大量生産・大量消費に代表される消費主義の進展，グローバリゼーション能力主義と自己責任の浸透により動ける人と動けない人，自己決定できる人とできない人が二分化する傾向にあります。この変化は欧米のみならず，日本でも起きています。土井（2019）の『「宿命」を生きる若者たち――格差と幸福をつなぐもの』では，日本において，「親ガチャ」や「配属ガチャ」のように自身の境遇を「宿命」として受け入れ，自身の行動を無意識に制限している若者が描き出されています[1]。本章では，「1. 行動と変化を促す」で行動と変化を促す支援が必要になってきた背景を，「2. 行動と変化を促す支援が必要になってきた背景」で社会の変化と，変

化を受けて生まれたキャリア支援方法を紹介し，「3. 研究者，実践家として の実践」で，現在筆者が研究者，実践者として実施している実践事例を紹 介します。

2. 行動と変化を促す支援が 必要になってきた背景

"New Perspectives on Career Counseling and Guidance in Europe" では， 現在の社会は，社会的，政治的，経済的構造変化の加速時期にあると説明し ています。「加速」とは，時間の経過と共に速度が上がっていくということ です。欧州では，経済交流と移民の流入が記録的に増大していることから， これらのダイナミクスは，より広範で不安定な社会的構造や規範を生み出し， 人は，場所や時間の制約がなく，より柔軟に役割や場所や社会的ポジション を変えることが可能になった一方で，自己責任の範囲が広がっています。

個人だけでなく，企業もより急速に変化することを強いられています。多 様性（ダイバーシティ）が大切である，多様性だけでなく包摂（インクルージョ ン）が大切であるといった潮流の中で，最近ではダイバーシティエクイティ （公平性）＆インクルージョンが大切であると言われています。ただ多様性 を包摂するだけでなく，多様な人の困難度に応じて平等に包摂することが必 要ということです。

日本は戦後から 2000 年まで右肩上がりの経済成長を成し遂げ，終身雇用， 年功序列という日本ならではの雇用慣行を生み出しました。日本では，一度 就職すると会社の中のさまざまな職種を体験するメンバーシップ型が主流で すし，生涯1つの会社で過ごす人が多かったので，「就職」ではなく「就社」 という言葉が使われます。年功序列は日本の企業では理にかなった考え方で，

136　第4章　研究者，実践家のアクションプランの実際

１つの会社でさまざまな部門を経験し，責任のある仕事を任されるようになれば，その会社に必要な能力が身に付き成果を出すことができるようになるので自ずと給与が高くなっていきます。そんな時代ですから，会社は OJT（On-The-Job Training）と呼ぶ，実務を通した職業訓練を推奨することで，従業員のキャリアを形成することができました。それに対して，2000 年以降の社会の変化は目まぐるしいものでした。不動産や株などの資産バブル崩壊，IT バブル崩壊，リーマンショックと続き，新卒の若者をゆっくり育てることができず，即戦力を求めるようになっていきました。会社が社員のキャリアに責任を持っていた時代から，非正規社員，中途採用が増え，企業が個々の従業員の将来ニーズを正確に予測することは限界に達するようになりました。その結果，従業員は個人主導でキャリアを身に付けなければならず，キャリア自律が求められるようになりました。そうは言っても，人材育成は企業にとっても従業員にとっても重要な課題です。企業は，環境の変化に対応するために多様な人材を養成していく必要がありますし，個人も，高い満足と達成感を得るためにはキャリアを積む必要があります。

　2000 年以降に起きた社会の変化は，社員に，その時々に必要な能力を変幻自在（プロティアン）に身につけることを要求し，１つの会社で必要な能力が身につかない場合は，兼業や副業をして能力を身につける，１社に留まらない境界のないバウンダリレスキャリアを求めるようになります。プロティアンキャリア理論では，キャリアは結果ではなく，個々人が何らかの継続経験を通じて能力を蓄積していく過程を意味しますが，同理論が示す通り，多くの人が自分で自分のキャリアを管理することが強いられるようになり，変化する社会に応じて，継続的にキャリアを形成する必要に迫られています。

　ところが，こうした社会の変化を多くの人がすんなり受け入れ，行動と変化を起こせるわけではありません。多くの人は，受け入れられないまま，戸惑っています。では，そのような人にどのような支援が必要なのでしょうか。日本より早く，社会の変化を体験した欧米では，社会の変化に適応する

ための支援と，自己同一性（アイデンティティ）の支援という 2 つの心理的なプロセスを活用します。適応に向けた支援とは，社会や組織の変化やリスクへの対応力を高める支援であり，アイデンティティに向けた支援とは，アイデンティティを明確化し，壊し，再構築し，自分のなりたい自分により一致した人生をデザインすることを支援するものです。この新たなパラダイムは，キャリア構成理論（サビカス，2005）[2] や自己構成モデル（ギシャール，2009）[3] と呼ばれ，ナラティブや対話ベースの手法を重視します。

a 予期せぬ状態や変化へ対処する

2000 年以降，キャリア理論では，transition（トランジション），日本語では，移行期や過渡期を意味する言葉がよく使われるようになりました。これは，人々が人生の変化に対処する機会が増え，どのような対処方法があるかに注意が払われるようになったからです。キャリア支援は，就職の支援だけでなく，就職できなかった場合の支援や，新卒の若者が定着するための支援や，再就職するための支援，国外移住の支援，国外から帰国するための支援，中高年の支援，経営者の支援，高齢者の退職に向けた支援，高齢者の再雇用に向けた支援など多様なトランジションへの対応が求められるようになっています。

キャリア支援という言葉が，日本において注目されるようになったのは2000 年以降です。また，小学校，中学校でキャリア教育が学習指導要領として義務づけられたのは，2007 年から，高校では 2008 年，大学設置基準としてキャリア教育が位置づけられたのは 2011 年からです。そもそもキャリアとは何かわからないまま，社会の変化の中で，予期せぬ状態や変化に直面している人にとっては，こうした変化を客観的に捉えて，どのように対処すべきか，どう行動を起こしていくのかについて自己決定していく支援が必要となります。

予期せぬ状態においては，人は混乱するものです。そもそも普段の自分と

比べて今の自分は精神的にも肉体的にも健康な状態なのか，この状態を理解して，支援してくれる人は誰なのか。私たちは，風邪を引けば病院に行きます。また病状に応じて行く病院を変えることができます。実はキャリアについても相談できる先はたくさんあります。両親や学校の先生，同僚や上司，ハローワークや人材紹介会社のような支援先をどれだけ知っているのか，既に相談しているのか，対処方法が見えてきたら，それをどんな順番で実施するのか，といった具合に複数のチャネルを有効に活用することが大切です。

　ナンシー・シュロスバーグは，1981年に転機に直面する人を理解するモデルとして4Sモデルを提案しました。4Sは状況（Situation），自己（Self），サポート（Support），戦略（Strategy）[4]の頭文字を取って名付けられています。転機に直面している人を十分理解するためには，それぞれの人が固有の状況をどのように受け止めているのかを丁寧に傾聴する必要があります。2つめのSは，個人の特性です。これらに含まれるのは，デモグラスティック上の特色もあれば，心理的資源の特色，レジリエンス力に関する特色などが含まれます。3つめのサポートとは，日常生活の中で受けることができる支援と定義できます。転機の時期には，サポート機能が失われることがよくあります。たとえば，仕事を失ったときに，職場自体が閉鎖され，職場生活をともにしていた同僚からのサポートが突然なくなることがあります。同様に，仕事場でのコミュニケーション，専門的な会議への出席機会などは，退職すると消失してしまいます。退職すると，所得面からの制限によりゴルフや旅行といった活動を削減する必要があるかもしれません。

　シュロスバーグは，対処方法として3つのタイプの戦略を紹介しています。状況の意味を変える戦略，状況を変えることができる戦略，そしてストレスを管理する戦略です。不満足な仕事を辞めたり，新しい仕事を得たり，または，リスキリングのために新しい教育プログラムを再履修するといった状況を変える方法もあれば，現状をリフレーミングして捉える方法もあります。転機に直面している多くの人は，同時にストレスを抱えます。過剰な

怒り，あるいはうつ症状に陥ることもあります。健全なストレスマネジメントは，このような苦痛の一部を軽減することができます。特に，状況の変更や状況の意味の変更ができないときには，必要になります。

b 意味の創出からアクションプランへ

　混沌としたキャリアパスや，仕事の経験と生活の経験の分断などを背景として，人々が仕事や生活における意味（価値，道徳，正義などを含む）を見出すための支援をする取り組みが多くなっています。メアリー・マクマホンはシステムセオリーフレームワーク（以降STF）理論の中で，過去・現在・未来をつなげて行動を促進します[5]。

　過去は現在に影響を与え，過去と現在は共に未来に影響を与えます。過去から現在までの経験と未来への熱望とのギャップによって，新しいアイデアが生み出され，未来に向けたアクションプランが作成されます。システムアプローチでは，システムは，多くのパーツの相互作用で構成されると考えます。STFでは，個人システム，社会システムの環境社会的システムを3つの環として現し，クライエントのアイデンティティを内側から外側に向けたストーリーとして語らせます。

　個人システムは，自身の特性を性別，年齢，自己概念，健康，能力，障害，身体的特性，信念，人格，関心，価値，適性，技能，仕事の世界についての知識，性的指向，民族性といった要素から構成されます。自身が認識できる社会システムは，同僚，家族，メディア，コミュニティグループ，職場，教育機関等から構成されます。その中でも強く影響を受けたシステムにおける出会いや別れ，現在の価値観に繋がった出来事を振り返ることで，自分にとって重要な意味づけを認識していきます。クライエントが自身の興味について無自覚であれば，キャリアカウンセラーは，興味関心テストがあるという情報を提供しますが，そのテストを受けるかについてもクライエントが自己決定します。

クライエントは，個人特性と，自身の経験との関連性に気が付くと，自身の価値観を理解し始め，それが現在の仕事の満足感または達成に影響していることに気づきます。深い対話によって，クライエントにとっての仕事の意味が生成され，それによってクライエント自ら将来のキャリア開発にも適用可能であることに気づくことができます。過去のキャリア選択が何に影響されているのかを自分で理解することで，今後のキャリア選択をより良いものに変えることができるようになります。現在のキャリア状況（個人，社会，環境社会的影響）や，過去，現在，未来の影響について振り返り，最も重要な影響を特定した後，クライエントが自身でアクションプランを作成することが大切です。STF の活用方法については、第 3 節で紹介します。

　そのほか，ポジティブ心理学により触発されて，計画的偶発性やセレンディピティ（偶然発見能力）のような予期せぬ出来事の意味を分析する，あるいは，意味を考えることを促す支援も増えてきました。予期せぬ状況で戸惑い，動けなくなると自身が持っている，希望や勇気，熱意，楽観性といった資源を忘れてしまうことがあります。

　Snyder（2002）は，希望を「望ましい目標への経路を導き出す知覚能力であり，これらの経路を使うことを主体的に考えて自分自身を動機づける力」と説明しています [6]。

　同書によれば，希望思考には 3 つの要素があります。1 つめは，目標を達成するために取るべき複数の行動がわかること，2 つめは，主体的に進むべき道筋を決め達成に向かうこと，3 つめは，目標または望ましい結果をイメージできることです。これら 3 つの要素は相互に関連しています。例えば，目標達成のための戦略が分かっていても，主体的に行動できなければ，障壁に直面した場合に持ちこたえる可能性は低くなります。同様に，主体的に行動できても，目標達成に向けて取るべき行動が判然としなければ，目標達成はおぼつかないでしょう。最後に，目標がないと明確な方向性と目的に欠けるので迷走してしまいます。希望に満ちた態度は，1 つ以上の目標の実現に

2. 行動と変化を促す支援が必要になってきた背景　141

関連する行動を特定して，行動を開始する触媒となります。目標を達成しようとしても，克服することが不可能な障壁に遭遇した場合は，適応性を発揮して，正面突破ではなく横から回り込むことで障害を回避することもできるでしょう。

　適応力を発揮するには，変化に対応して変化する能力と，現在の目標を補強する，あるいは新しい目標を開発する能力が必要です。何かを決断するためには，未知なる情報に対し貪欲な態度が必要です。人と人の関係が絶えず変化するので，さまざまな機会（計画的および計画外の両方）が絶えず出現します。しかし，希望がなければ，人々は障害に直面すると簡単に諦めてしまうことになります。snyder（2002）は，希望を持たない学生は，何かを達成するために必要な仕事や課題を避ける傾向があると指摘しています。したがって，どんな方法があるのか，主体的に行動できるのか，目標を持っているのかという希望を構成する 3 つの要素は，キャリアプランニングにとって最も基本的な事項となります。日本の宿命を受け入れ，自身の行動を無意識に制限してしまっている若者に向けて，主体的になりましょう，行動しましょうと言ってみても，希望が持てなければ彼らが動くことはないでしょう。

c キャリア不決断の支援

　国によって多少の差はありますが，グローバリゼーションと経済危機の影響を強く受け，若年者の失業率はユーロ圏で平均 21.4％です（Eurostat，2016）。現在の，日本の完全失業率は 3％ 以下です。年代に特化した数字ではありませんが，単純に比較すれば 7 倍近い差があります。欧米では，過去 10 年，社会の変化が加速し，不確実性が高まる中で，若者たちへの影響が研究されてきました。十分な収入がないため実家から独立できない 20 代の若者たちは，キャリアに関する意志決定や，人生の課題や役割に関連する選択を先送りにし，青年期と成人期の間に曖昧な移行期を生み出しました。キャリア不決断（career indecision）」という言葉はキャリア意志決定の過程

で生ずる困難や問題を意味します（Brown & Rector, 2008）[7]。そのような困難は，キャリア意志決定を遅らせ，中断させ，不適切な決定をもたらします。「キャリア不決断」は，またストレスの高い，不安を生じさせる経験でもあります。

　大学生を例にとると，大学生は 4 年間の期間に 2 つの重要な意思決定の節目を迎えます。専攻内の専門分野を選択する節目，次に，仕事の世界に入る節目です。多くの学生が意思決定の時点で困難やためらいに遭遇することが報告されています。

　アメリカ人にとって大学の専攻の選択に関する決定は，人生で最も頻繁に後悔されることが報告されているという報告があります（Beggs 他, 2008）[8]。大学時代の専攻と就職（就社）先での仕事内容が，強くリンクするアメリカならではの結果です。日本で同様の検証はなされていないようですが，興味深い結果です。

　キャリア不決断という言葉は，大学での意思決定に関してよく引用されるフレーズです。キャリア不決断とは，「個人がキャリアを決定することを妨げる困難」を指す場合と，「日常生活の形式的な手続きに行き詰まっていると感じている状態」を指す場合があり，前者は主に，専攻選択や職業追求に関する質の高い決定を下すための知識，経験，スキルを対象とします，後者は意思決定プロセスに関連する機能不全で否定的な考えに注目します。

　最近の研究では，後者に向けた支援が注目されており，逃避，無気力，孤立，諦め，敵対といった非生産的対処方法を取ることが，キャリア不決断と関連していることが分かってきました。この結果については 2 通りの解釈があります。一つは，これらの行動様式は，キャリア不決断の原因というより，キャリア不決断とともに見られる行動様式であるという解釈です。つまり，こうした対処方法をとっているからキャリアの決定が先送りされるのではないという解釈です。もう一つの解釈は，情緒的問題が解決されれば，クライエントは問題解決に動き出すという解釈です。カール・ロジャーズが言

2. 行動と変化を促す支援が必要になってきた背景　143

うところの受容・共感・自己一致に基づく傾聴によって，自分はどうしたらいいのか自ずから気づくというのです。

余談になりますが，回避の対義語は受容です。望ましくない思考や感情，身体感覚をコントロールしたり，排除したりしようと努めることは，特定の場所や出来事では効果があるかもしれませんが，内的な出来事においてはそうではありません。それらをすぐに回避しようとすれば，もっともつれてしまうかもしれません。不確実さと曖昧さを受容しないことは，硬直的で単純化された自己イメージにつながるとともに，将来の目標を補完する目標を見つけにくくしたり，将来のイメージを全く持てなくしたりする可能性があります。

d ディーセントワークが探せるようになる

ここまでは，特に青年期の間に，希望，楽観主義，ビジョニング，レジリエンスのような前向きな能力の必要性が高まってきたことを紹介しました。青年期は専門的能力を開発するために重要な時期です。若者が仕事を探すのを奨励するだけでなく，ディーセントワークを探せるようにすることの重要性が指摘されています。

ディーセントワークは，日本では「働きがいのある人間らしい仕事」と訳されています。ディーセントワークは，1999 年に開催された ILO 総会や，2008 年の「公正なグローバル化のための社会正義に関する ILO 宣言」で紹介され，日本では，厚生労働省が以下のように定義しています。

① 働く機会があり，持続可能な生計に足る収入が得られること
② 労働三権などの働く上での権利が確保され，職場で発言が行いやすく，それが認められること
③ 家庭生活と職業生活が両立でき，安全な職場環境や雇用保険，医療・年金制度などのセーフティネットが確保され，自己の鍛錬もできる

こと

④　公正な扱い，男女平等な扱いを受けること

　ディーセントワークを探すことができるようになるためには，労働者の権利に従った雇用保護，雇用主と労働者間の民主的な社会対話を可能にする知識と能力の育成が必要です。筆者は現在、ディーセントワーク（グリーンジョブ）の支援を調査しています。

　ブルスティンのワーキング心理学では，ディーセントワークを探せるようになるためには，障壁にかかわらず自由にキャリアを選択できるという認識と現在および将来の職務に対応できる能力が必要と説明しています [9] [10]（図4-1）。

　さらに，前向きな性格，社会的支援のネットワークと批判的意識を持ち，雇用成長率が高く，失業率が低い社会に属する人ほど，ディーセントワークにアクセスしやすくなると説明しています。批判的意識とは，社会において不正で抑圧的な勢力が生み出され，維持される原因となるような明示的および暗示的な要素を見定める能力のことだそうです。ワーキング心理学はまだ新しい理論であり，その重点はディーセントワークに影響を与える環境および心理的な要素に置かれていますが，ここまで紹介したキャリア理論と同様に，ディーセントワークを確保すれば，最終的には欲求が満たされ，幸福感が得られると説明しています。日本においては，2000年までの右肩上がりの経済成長とそれを支えた日本的雇用慣行の影響から，ディーセントワークや仕事に対する満足感，そのために意味のある仕事をどのように行うかという意識が希薄な点が懸念されます。

　現在の若者は，仕事を選んで就職した後に予期せぬ仕事に対処することが多くなっています。彼らは，自分が見つけて掴むことができる仕事の機会を上手に活用する必要があります。仕事の機会を活用するとは，個人の能力やキャリアを形成する能力を増やすということです。知識とは異なる専門スキ

2.　行動と変化を促す支援が必要になってきた背景　145

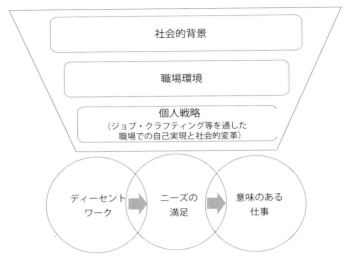

図 4-1　ブルスティンのディーセントワークと有意義な仕事を結び付けるための統合的な概念フレームワークを元に筆者作成

ルや 21 世紀の職業で必要とされる知識やスキルを養成する必要があります。

e　高齢者のキャリア支援

　2017 年にリンダ・グラットンの『ライフ・シフト』が出版され，この本は，世界に先駆けて日本でベストセラーになっています。世界で最もライフ・シフトを実感し困惑しているのが，少子高齢化が急速に進む日本かもしれません。

　ライフ・シフトとは，人生 70 年〜 80 年の時代には，「教育（20 年）→ 仕事（40 年）→ 引退（10 年〜 20 年）」という 3 つのステージからなる人生を，なんとなく選んで生きて行くことができましたが，人生 100 年の時代になると,「教育（20 年）→ 仕事（40 年）→ 引退（40 年）」となり，この先，

年金の行方が不透明な中，40年の仕事の中で生活をしながら貯めたお金で，引退後の40年の生活を賄うのは厳しいと考えるようになりました。それでは「教育（20年）→ 仕事（60年〜70年）→ 引退（10年〜20年）」と考えれば良いのかというと，今の働き方を80歳〜90歳まで続けられる人はそういないでしょう。これまでの常識とは違う，新しい生き方を模索しなくてはならないとなれば，できるかぎり健康に過ごし，より長く働くことが求められます。

　文部科学省が2019年4月に，「次世代のライフプランニング教育推進事業」委託要項を発表しています。事業の背景として，従来のような教育・仕事・老後という単線型の人生から，退職後に再び教育を受けて複数のキャリアを経験するなど，複線型のライフスタイルへ移行する人が多数になると予想されていること挙げられています。日本においても，キャリア支援においては，我々が経験していない社会を生きる人に向けたライフ・キャリアデザインを支援するための介入が必要になります。

f 高齢者が仕事への関与を高める支援

　社会の変化は，若者だけでなく，すべての年代の人に影響を与えています。ベビーブーマー世代の高齢化と，予測される労働力の減少により，高齢労働力に関する問題は，各国で強化されています。高齢労働者は定年が延長され，既に退職した高齢者も再就職するよう強い圧力を受けるようになってきました。EU諸国では，2002年から2022年の間に予想勤続年数が4.1年延びたと報告しています。ほとんどの主要経済圏で人口が高齢化し，出生率が低下していることから，この傾向は今後も続くと思われます。

　Shultz & Adams（2007）は，"Aging and work....21st century（21世紀の高齢化と仕事）"の中で，高齢化と仕事に関するさまざまな分野の既存の文献をレビューし，高齢者のキャリア支援に向けた提言を行っています[11]。人口の高齢化と労働寿命の延長により，組織内の高齢労働者の数が増加してい

ます。高齢者雇用の伸びによる影響を吸収し，労働力全体の生産性を維持するには，高齢労働者が意欲を持ち続け，働き続けられることが非常に重要です。そのためには，高齢労働者の仕事への関与（意欲の指標として）と仕事のパフォーマンス（能力の指標として）を高めるための組織のポリシーが必要となります。例えば Avery 他（2007）の研究では，英国で働く 901 人のサンプルを使用して，従業員の年齢，同僚の年齢構成の認識，年上の同僚（55歳以上）と年下の同僚（40 歳未満）に対する満足度がエンゲージメントに及ぼす影響を調べます。結果は，同僚に対する満足度がエンゲージメントに有意に関連していることを示し，特に高齢労働者は，年齢の類似性を認識している方が，エンゲージメントレベルが高い可能性を示しました [12]。高齢労働者の継続雇用や，高齢労働者の確保には，組織内の従業員の年齢構成と，年齢構成に応じた人事施策が必要となります。Shultz & Adams（2007）の報告では，高齢雇用者を受動的な労働者として扱うものが多く，高齢労働者の仕事へのコントロール感や，仕事の要求に対するストンスへの配慮が不足していると指摘されています。

　米国の国勢調査局が発表した職場における年齢構成の変化に関する調査では，2005 年には高齢者（65 歳以上）が全人口の 12.4％を占めていましたが，2019 年には 16.4％に増加し，2035 年には 21.4％に達すると予測されています。このような傾向は，職場の年齢の多様性の増加（同じ職場の，労働者間での年齢に関する差異の分布の拡大）として認識され始めており，職場での複数世代の共存が増えていることを考えると，これまでとは異なる観点で，ダイバーシティ・エクイティ＆インクルージョンに取り組む必要性があると指摘しています。

　日本においても，高齢者雇用の課題がさまざまな研究者によって研究されています。高齢者で企業に雇用されている人数は年々増加しているけれど，その質が置き去りにされているという指摘が散見されます。岸田（2020）は，高齢雇用者が定年再雇用（あるいは役職定年）というキャリア・ステージの

変化をどう乗り越えるのかが今後の課題と指摘しています[13]。個人のモチベーションの観点からも高齢雇用者の活性化が求められますが，特に大企業においては「福祉的雇用」と言われるものが多く，高齢雇用者が活性化しているとは言い難いと報告しています。今野浩一郎（2014）『高齢社員の人事管理』は，「高齢社員の評価をしないことは，『仕事の成果を期待していない』と伝えているのと同じだ」「雇用とは，仕事の成果を求めて社員を雇うことである。成果を求めず，「政府が法改正により，企業に（段階的ではあるが）65歳まで雇用を確保するように定めたから」という考え方で雇用するのは「『福祉的雇用』としかいえない。雇用の原則からかけ離れている」と説明しています[14]。

g 日本における能力主義と自己責任の浸透

　本田（2020）は，現代の若者が抱える閉塞感に，学校教育における評価基準が大きな影響を与えていると指摘しています[15]。もともと個人の出自によって将来が決まる属性主義を打破するものとして，アメリカにおいて好意的に受け止められてきたメリトクラシー（業績主義）の考え方が，日本の教育社会学では能力主義という言葉を使ったことから，両者の混同が起きています。「業績」とは顕在化し証明された結果ですが，「能力」は，業績を生み出す原因の一つです。社会学では，属性主義を「当人の実力や実績よりも，家柄・身分・性別といった出自に関する要素（＝属性）を重視して，考課などの基準とすること」と説明しています。本田は日本の学校教育の特徴として「垂直的序列化」を挙げ，それは「相対的で一元的な『能力』に基づく選抜・選別・格づけを意味し」，従来は偏差値に代表される学力とほぼ同一視されていたことから，日本においてはメリトクラシーが「属性主義」と近いものと捉えられるようになっているのではないかと述べています。さらに，学校教育における評価基準が属性主義に近いという認識は，土井が指摘する「宿命論的人生観」を持つことにつながり，21世紀の若者の閉塞感を生んでい

るのではないかというのです。宿命的人生観とは自らが主体的に掴み取った属性によってではなく，自分の生まれ落ちた環境や，生まれ持った資質，才能といった先天的な属性によって，自分の運命がほぼ決まっているというものです。日本においても，能力主義の浸透により動ける人と動けない人の差が広がる傾向にあります。

h「宿命」を生きる若者たち：格差と幸福をつなぐもの

　土井（2019）は『「宿命」を生きる若者たち──格差と幸福をつなぐもの』の中で，「現状を変えようとするより，そのまま受け入れたほうが楽に暮らせる」と答えた人の割合が，1980年の約25％から，2011年には約57％へと倍増していることを指摘し，「このような心性は，若者たちからハングリー精神が衰えたと批判的に捉えられることも多いのですが，現状を変えることのハードルのほうが上がったと捉え直すこともできます」と述べています[1]。「未来が不確実なものだからではなく，逆に動かしがたく確定されたものだと感じているからこそ，にもかかわらずそれを先まで見通すことはできないからこそ，現在志向になっているのだと気づきます。いくらあがいたところで，それは変えようのないものだと感じられているために，そんな無駄なことはせずに現在の生活を楽しもうとするようになっているのです」

　さらに現代の若者の人間関係は、血縁や地縁に加えて、学校もまだ偏差値で決める比重も大きく、自己選択の自由度が低い関係であり、昨今は，大卒の家族と非大卒の家族が付き合う機会も減り、両者の生活圏が分断化されていると指摘しています。近年では夫婦間や親子間での学歴同質性も高まっているという指摘もあります。

　同書では，教育社会学者の西田芳正の言葉を引用し，「現在の貧困家庭の子どもたちは，自らの境遇に対して違和感や反発を覚えることなく，むしろそれをごく自然なことのように受け入れる傾向を強めているといいます。そこでは，勉強が分からない，学校でうまくいかない，暮らしが貧しいといっ

た不満の様相はほとんど見られず，彼らの親と同じく不安定で困難の多い生活をさほど強く自覚することもなく自らの元へ引き寄せてしまっている」と説明しています。それだけが自分に馴染みのある見慣れた生活であるために，そこに基準を置いた予期的社会化が進んでしまうというのです。

同書は，自らの人生に対する期待水準の高さと努力することへの信頼感が相関しない現象を「努力主義のパラドクス」と読んでいます。「幸福のパラドクス」とは，経済的な豊かさと生活満足度が相関しなくなっていることです。近年の格差の固定化に加えて，この「宿命」観が自己イメージを膠着化させているといいます。そして，現在の時代精神の落とし穴はここにあり，経験しなければ，行動しなければ，才能に目覚めることは難しいのです。本来は社会構造的な背景から生まれた格差でありながら，それをあたかも個人的な理由にもとづいたものであるかのように錯覚している状態を認識論的誤謬と呼ぶそうです。

3. 研究者，実践家としての実践

日本で社会や働き方が変化する中，行動を起こすことができる人の育成や，行動を起こすための支援が重要となっています。行動が起こせるようになるには，潜在化している自己決定スキルを顕在化させて意識的に習得するための手助けを必要とします。別の言い方をすると，逃避，無気力，孤立，諦めから動けない状態から，希望を持ち，幸せを望み，ディーセントワークに携わるような状態へと変化するための支援が必要であるということです。ここからは「行動と変化を促す」上で筆者が，日本の支援に大切だと認識している、社会の変化に適応する支援として，キャリアアダプタビリティの役割と，自己同一性（アイデンティティ）の支援としてのレジリエンスの役割を説明し，これらに対するより積極的な支援方法を紹介します。

a キャリア・アダプタビリティの支援

　ライフデザインアプローチでは，青年期に必要とされるのはキャリア転機を乗り切り，リスクを認識しながらもキャリアに関する意思決定を行う能力，つまり「困難な局面において，楽観的に将来を予想する能力と心構えである」とされていますが，サビカスによって「仕事の世界と，仕事上の役割のさまざまな変化に適応する事を助ける能力」と説明されているキャリア・アダプタビリティ（career adaptability）は，発達課題をこなし，職業の世界（world of work）における変化に適応するために非常に役立つ能力です。

　キャリア・アダプタビリティを，仕事の世界と仕事上の役割のさまざまな変化に適応するのを助ける能力と説明しています。キャリア・アダプタビリティは，関心（concern），統制（control），好奇心（curiosity），自信（confidence）という4つの要素からなります。関心はその人の将来の方向性を指すものであり，将来のキャリアについての楽観性をともなうもの，統制はその人が関心を持つキャリアの事象について，自分の影響力を行使したいという欲求です。好奇心は，自身の外部環境に対する不断の探求の源であり，それによって将来のキャリアプランを具体化することができるようになります。自信は，その人の能力についての信念であり，キャリアに関係した行動を完結へと導きます。

　キャリア・アダプタビリティについては，さまざまな先行研究がありますが，ここではそのうちの3つを紹介します。

　Yuen & Yau（2015）は香港の543人の9年生（日本の中学3年生に相当）を対象として，キャリア・アダプタビリティと，人生の意味，帰属性（connectedness）との関係を調べています。人生の意味は帰属性，統制は人生の意味の存在および探求，好奇心と自信は学校への帰属性，人生の意味および探求と，それぞれ相関があることが示されました[16]。

　Negru-Subtrica & Pop（2016）は，ルーマニアの青年を対象とした研究で，

152　第4章　研究者，実践家のアクションプランの実際

キャリアの関心と学業成績の間には，正の相関があることを報告しています[17]。

ギリシャでは，Sidiropoulou-Dimakakou 他（2015）が，若年成人において キャリア・アダプタビリティは，自己効力感とキャリアレジリエンスと強い相関があることを示しました[18]。

こうした先行研究を踏まえ，筆者は，キャリア・アダプタビリティに関する知識やレジリエンスについて，関連知識の習得支援はもちろんのこと，さらにそれらを体得するための支援も重要になると感じています。

b レジリエンスとは

レジリエンスは，困難な局面に建設的に適応する個人の能力として理解されており，近年では，キャリア形成に特化したキャリアレジリエンスや，学習に特化したアカデミックレジリエンスなどが紹介されています。アイデンティティに特化したレジリエンスをアイデンティティレジリエンスと呼び，個人が，脅威や不確実性に対処できると自ら認識している程度を指します。児玉（2015）は，キャリアレジリエンスを，「キャリア形成を脅かすリスクに直面したとき，それに対処してキャリア形成を促す働きをする心理的特性」と定義しています[19]。児玉（2015）は，London（1993）や Noe et al.（1990），平野（2010）の論考を踏まえ，キャリアレジリエンスの尺度として「チャレンジおよび問題解決力にかかわる因子」「ソーシャルスキルに関連する因子」「新奇性や興味関心の多様性に関わる因子」「未来志向に関わる因子」「援助志向性に関わる因子」という 5 つの因子を抽出しています。レジリエンスの研究では，アカデミックレジリエンスが生涯学習に影響を及ぼすことが示唆されており，自己調整力がレジリエンスの予測因子として機能し，個々の（内部）保護因子に属することを示す研究も見られます。児玉（2015）では，因子によってキャリア形成時にネガティブなライフイベントに遭遇した際の影響が異なり，ソーシャルスキル因子，未来志向因子及び援助志向性因子はネガティブな影響を軽減させる因子，チャレンジ因子と多様

性因子はキャリア形成を促進する因子として区分しています。

　繰り返しになりますが，レジリエンスとはストレスマネジメントを一部包含していますが，異なる要素を持つ能力です。レジリエンスには，キャリア形成を促進する因子が含まれています。これらの違いを踏まえ筆者は，レジリエンスに関連する知識の習得や，その体得について積極的に支援する必要性を認識しています。

c 支援者に求められる変化

　アムンドソン（2018）は，グローバリゼーションの拡大や，技術や情報の進歩，人口構成の変化，世界的なテロリズム，金融情勢の大変動など，大きな意味での環境の課題等の変化について，個人は，「予測不能なことの増加」「仕事上の問題と生活上の問題とが重なり合うこと」「生活のペースが，かつてないほどせわしくなっている」などと認識しており，このような認識に一人で対応しようとして，不安を覚えていると説明しています[20]。そして，時代はキャリア支援者にも変化を求めている，具体的には「キャリア・カウンセリングのプロセスにおいて，もっと積極的に関わっていくアプローチが求められている」と述べています。

　Brott（2005）はストーリーによるアプローチの中で，言語は個人的な物語を主観的に伝えることに適した言説的構造であるので，協働的なカウンセリングを強化するために比喩を使うことを推奨しています[21]。

　ソリューションフォーカストアプローチ（SFA）は，1980 年代に心理学者のスティーブ・デ・シャザーらが先駆者となり開発されました。それまでの方法論と異なり，ソリューションフォーカストカウンセリングはクライエント主導で，カウンセラーとの協働を伴い，クライエントの変化，クライエントの希望，クライエントの能力，クライエントの専門性，クライエントの意味に焦点を当てます。彼らは，クライエントとのセッションを観察し，クライエントに何が役立ったかを尋ねた際の発見からこの手法を開発し，その

後世界中で採用されています。ジュディ・H・ミラー（2017）は，「ソリューションフォーカストアプローチは，クライエントの現実に焦点を当てますが，この現実は，クライエントの経験に対する自身の理解やそれにどう参与したかということによって形成されます。そして，会話を通じて新しい意味，新しい可能性，新しい道が出現すると考えます」と説明しています[22]。

ここからは，筆者が，より積極的にクライエントと関わるための支援として，比喩を使った支援や，STF や SFA といったフレームを使った支援を通して，どのように個人の視界を広げ，行動につなげる支援をしてきたかを紹介します。

d 職業訓練指導員育成に向けた実践

筆者は，普段，職業能力開発総合大学校で，職業訓練指導員候補者にキャリアカウンセリングスキルの習得を目的とした科目を担当しています。職業訓練指導員は，職業能力開発促進法に規定された公共職業能力開発施設や，事業主団体や職業訓練法人が設置している認定職業訓練施設などにおいて，訓練生に対して，技能や技術，専門知識などの訓練指導やキャリアコンサルティングを通じた就職支援，ジョブカードの作成支援などを行います。

労働政策研究・研修機構（JILPT）（2009）「欧米諸国における公共職業訓練制度と実態—仏・独・英・米 4 カ国比較調査—」では，産業構造や技術の変化による訓練職種の高度化，求められる潜在能力の変化や多様化，教育の高学歴化や労働市場のグローバル化の流れに伴い，産業・企業の求める人材が高度化するに伴い，それに適応できない労働者が大量に登場する恐れがあり，それは，良好な雇用機会を得ることのできないフリーターなどの若年労働者や再就職の難しい失業者として，事業，技術あるいは仕事内容の変化に適応できない在職労働者などとして現われ，こうした労働者は概して良好な職業訓練機会に恵まれないことが多いことから，伝統的な失業対策から失業予防を重視する政策に転換する必要性を指摘しています[23]。

良好な雇用機会を得られない若者，自前で社内教育体制を整備するだけの経営力を持てない中小企業で働く労働者，パート，派遣労働者，請負労働者として働く労働者などは社内教育の仕組みから外れた，良好な職業訓練機会を得ることが難しい「職業訓練弱者」は現在も確実に増加しつつあります。筆者が担当する科目では，カール・ロジャーズが提唱した傾聴技法の習得を目的として，講義と演習を行い，授業を経て変化・成長した点を振り返ります。授業が進むにつれて，同僚の話を聴いて，自分の理解の仕方が妥当かどうかを十分に吟味もせずに理解したと思いこんでしまったり，受容せねばならないと強く思いこみ，同僚の話に対して抱く疑問や違和感を抑圧したり，そうした感情があることに気が付いたといったコメントが見られるようになります。職業訓練指導員にも職業訓練を通じた週転職の支援時に，キャリア支援者同様の「変化」が求められます。

　筆者は，2021年からアクションプランの作成を支援するために，より積極的な支援として比喩を使った支援や，前述のメアリー・マクマホンのSTF，スティーブ・デ・シャザーのソリューションフォーカストセラピー（以降SFT）を活用した授業を行っています。表4-1は比喩を用いた支援で利用したワークシート[24]です。比喩を使うことで希望が伝えやすくなります。

　学生は，職業訓練指導員候補者として，キャリア支援について学習しています。授業では基本的なキャリア支援方法について学習した後に，自身の今後の活動計画を考えるためになりたい職業訓練指導員像を，1.現実の生活，2.動物や虫，3.自然，4.建築物，5.ファンタジーの5つのカテゴリーから1つ選んで比喩を使って表現するようにガイドします。

　ワークシートの説明時には比喩の選択は個人的なものであり，比較するものではなく，指導するものでもないことを説明します。さらにそれぞれの話を共有する過程で，自分で気づきを得ることが大切であり，次のような観点で話し合いをするようにガイドします。

表 4-1　グループワークで活用したワークシート

Q1　これからの職業訓練指導員人生において，どのような職業訓練指導員に
なりたいですか。次に例示した主要な分野のうち,「こんな指導員になりたい」
というものを一つイメージしてください。

1.　現実の生活
　　例）旅客機，先生，キャッチャー，ソファー等何でも OK
2.　動物や虫
　　例）鹿，鶴，牛，盲導犬，カナリア，鯨，亀等何でも OK
3.　自然
　　例）杉，ダイヤモンド，水晶，南十字星，太陽，月等何でも OK
4.　建築物
　　例）教会，橋，ダム，灯台，ディズニーランド等何でも OK
5.　ファンタジー
　　例）七福神，スーパーマン，（ミヒャエル・エンデの）モモ，など何
　　でも OK

「私は　＿＿＿＿＿＿＿＿のような職業訓練指導員になりたい」

Q2　その職業訓練指導員像を選んだ理由を記してください。
理由「

　　　　　　　　　　　　　　　　　　　　　　　　　　　　　　　」

① 「グループで述べられた有能と考えられる職業訓練指導員の特徴につ
　いて，どのように感じましたか？」
② 「その特徴には，どのような価値観が表れていましたか？」

③　「このワークを通じて，自分自身について，どのようなことを学びましたか？」

　グループワーク時には，グループメンバーの選択したものの重要な特徴や選択理由などをメモし，指導方法との関わり，自分との関わりなどについて考え，学んだことなどを記入させました。

　ワークシートに書かれた比喩を分類したところ，1.「現実の生活」から比喩を書いた学生が最も多く，ついで，3.「自然」，2.「動物・昆虫」が続きます。1.「現実の生活」では，これまでに出会った先生が最も多く，次いで，盲導犬，キャッチャー，大木といった記述がありました。

　「Q2　その職業訓練指導員像を選んだ理由を記してください」に書かれた内容を分類したところ，「道を示す，方向を導く，本質的な解決を示す等」といった回答が最も多く，次いで，「悩みを受け止める／相談に乗る」「知識・技能が豊富／知性と観察力」「寄り添う」といった記述が見られました。

　同じ「道を示す，方向を導く，本質的な解決を示す」などといった将来像であっても，比喩で用いる言葉は「盲導犬のように示す」「太陽のように示す」，あるいは，「大学の先生のように示す」「シールド・マシンのように示す」「コンパスのように示す」「灯台のように示す」といった具合に，「示す」イメージは異なり，比喩を使うことで自身が目指す「示す」というイメージが具体化されたことがわかります。この実践を通して，比喩をイメージすることで，言語化できない意味が生成され，その意味を考えることで，どのように行動するかが明確になっていくのだと感じました。

f STF と SFT を活用した行動の支援

　授業では，メアリー・マクマホン他の STF をアレンジしたワークシート（図4-2）とスティーブ・デ・シャザーの SFT をアレンジしたワークシート（図4-3）の両方を体験し，アクションプランを作成します。

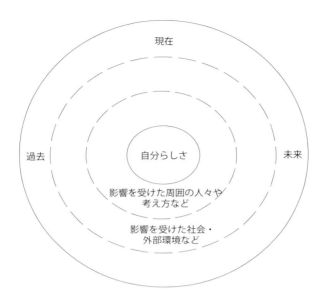

図 4-2　授業で活用した簡易版 STF ワークシート

STF のガイダンスは次のように実施しました。

① 職業訓練指導員を選択した時期のあなたを取り巻く社会環境，職場環境，周辺環境など，あるいは，あなたのおかれていた状況を記入してください。
② 職業訓練指導員を選択した時期においてあなたに影響のあった周囲の人・事柄などを記入してください。
③ 職業訓練指導員を選択した時期のあなたの興味・関心，得手不得手，夢，大切にしていたことなど，あなたらしい点を記入してください。

SFT を実施する際に用いたガイダンスは次のように実施しました。

図 4-3　授業で活用した簡易版 SFT ワークシート

① 自身の現状の職業訓練指導員としてのスキルについて該当する番号に○を付与してください。
② ○のレベルについてどのような状態か記入してください。
③ 目指したいレベルに□を付与してください。
④ □の状態について，どのような状態か記入してください。
⑤ 現状から一段階上がった番号に△を付与してください。
⑥ △の状態について，どのような状態か記入してください。
⑦ △の状態になるために，具体的にはどんなことができていればよいと思いますか？
⑧ △の状態に到達できたとしたら，あなたはどうなっていると思いま

すか？

⑨　△の状態にはいつまでにどのように到達したいと思いますか？

⑩　そのためには，何をしますか？

　STFを使用すると，過去と将来をつないで考える効果が高く，時代背景を含めて整理し考えることができ，自分の価値観を再確認できたという声が聞かれました。また，SFTについては，数値化することで思考を明確に可視化する効果が高いため，課題が明確になったという声が聞かれました。これらより，使用するフレームによって視点の広がりが異なる事が確認できました。

e　この章のまとめ

　この章では，2021年に翻訳に携わった『現場で使えるキャリア理論とモデル』と "New Perspectives on Career Counseling and Guidance in Europe" で紹介されているキャリア理論とモデルが開発された背景と，欧州での適応例を紹介しました。社会の変化と共に，動ける人と動けない人の格差が広がっており，日本においても行動と変化を促す必要性があることがご理解いただけたかと思います。

　この章ではこうした「行動と変化を促す」支援について，特に，動けない状況にいる人に向けた支援方法を中心に，サビカスのキャリア・アダプタビリティの適応や，レジリエンス向上，希望やエンゲージメントの支援の有効性を紹介しました。

4. まとめ

　キャリアコンサルティングは，厚生労働省が，2000年に，今後の職業能力開発の在り方について検討する中で，労働市場のインフラとして，労働者

のキャリア形成を支援する仕組みが必要であるとして，その前提となるものとして作り出した言葉です。2005 年には，キャリアコンサルティング実施のために必要な能力体系の要件の中に「環境への働きかけ」が追加され，「相談者個人に対する支援だけでは解決できない問題があるため，環境への介入や環境への働きかけが必要である」ことが宣言されました。こうした活動の推進者である浅野（2020）は，社会正義を唱える意義を，「キャリア支援に関係する者の目線を上げさせ，視野を広げることを通じて，キャリア支援の価値をより大きなものとする，ということではないかと」と述べています[25]。下村（2020）の『社会正義のキャリア支援――個人の支援から個を取り巻く社会に広がる支援へ』[26] の冒頭にある「私たちの仕事は，職業やキャリアの問題で思い悩む個人の支援を通じて，社会全体の社会正義の実現に貢献している。私たちが習い覚えた知識やスキルは，社会全体の問題の解決に役立てることができる」という言葉を受けて，浅野（2020）は「社会の変化が激しくなる中で，課題を抱える者は増えている。不安定なキャリアを歩む者には支援が必要だが，すべての者のキャリアが以前に比べ不安定になってきている。改めて振り返ってみると，日本は，声を上げにくい国である。自分のために声を上げることは苦手だという者も多そうだ。自分ではない誰かのために声を上げることの意味は，欧州以上に大きい可能性がある」と述べています[25]。この言葉を踏まえて，より多くの支援者に「行動と変化を促す」支援を活用していただきたいと願います。

【引用文献】
1 ）土井隆義（2019）「宿命」を生きる若者たち――格差と幸福をつなぐもの　岩波書店
2 ）Savickas, M, L.（2005）The theory and practice of career construction, In S. D. Brown, R. W. Lent（Eds.）*Career development and counseling: Putting theory and research to work.* Hoboken, NJ: John Wiley & sons.
3 ）Guichard, J.（2009）Self-constructing. *Journal of Vocational Vehavior, 75*, 251-258. doi:10.1016/j.jvb.2009.03.004.
4 ）Schlossberg, N. K.（1981）Amodel for analyzing human adaptation to transition. *The*

Counseling Psychologist, 9(2), 2-19. doi:10.1177/001100008100900202

5) Patton, W. & McMahon, M.（1999）*Career development and systems theory: A new relationship*. Pacific Grove, CA: Brooks/Cole.

6) Snyder, C. R.（2002）Hope theory: Rainbows in the mind. *Psycholoigcal Inquiry*, 13, 249-275.

7) Brown, S. D.,Rector, C. C.（2008）Conceptualizing and diagnosing problems in vocational decision making. In S. D. Brown & R. W. Lent (Eds.), *Handbook of counseling psychology* (4th ed., pp. 392–407). John Wiley & Sons, Inc.

8) Beggs, J., Bantham, J. H., Taylor, S.（2008）Distinguishing the factors influencing college students' choice of major. *College Student Journal*, 42, 381-394.

9) D・L・ブルスティン（編著）, 渡辺三枝子（監訳）, 五十嵐敦, 大庭さよ, 岡田昌毅, 作田稔, 田中勝男, 中村恵, 廣川進, 道谷里英（訳）(2018)キャリアを超えて ワーキング心理学——働くことへの心理学的アプローチ　白桃書房

10) Blustein, D. L., Lysova, E. I., & Duffy, R. D.（2023）Understanding decent work and meaningful work. *Annual Review of Organizational Psychology and Organizational Behavior*, 10, 289–314.

11) Shultz, K. S., Adams, G. A. (Eds.).（2007）*Aging and work in the 21st century*. Lawrence Erlbaum Associates Publishers. https://doi.org/10.4324/9780203936948

12) Avery, D. R., McKay, P. F., & Wilson, D. C.（2007）Engaging the aging workforce: The relationship between perceived age similarity, satisfaction with coworkers, and employee engagement. *Journal of Applied Psychology*, 92(6), 1542–1556. https://doi.org/10.1037/0021-9010.92.6.1542

13) 岸田泰則（2019）高齢雇用者のジョブ・クラフティングの規定要因とその影響——修正版グラウンデッド・セオリー・アプローチからの探索的検討　日本労働研究雑誌, 703,65-75.

14) 今野浩一郎（2014）高齢社員の人事管理——戦力化のための仕事・評価・賃金　中央経済社

15) 本田由紀（2020）教育は何を評価してきたのか　岩波書店

16) Yuen, MT; Yau, J（2015）Relation of career adaptability to meaning in life and connectedness among adolescents in Hong Kong, *Journal of Vocational Behavior*, 2015, v. 91, 147-156.

17) Negru-Subtirica, O., & Pop, E. I.（2016）Longitudinal links between career adaptability and academic achievement in adolescence, *Journal of Vocational Behavior*, 93, 163–170. https://doi.org/10.1016/j.jvb.2016.02.006

18) Sidiropoulou-Dimakakou, D., Argyropoulou, K., Drosos, N., Kaliris, A., & Mikedaki, K.（2015）. Exploring career management skills in higher education: Perceived self-efficacy in career, career adaptability and career resilience in Greek university students. *International Journal of Learning, Teaching and Educational Research*, 14(2), 36-52.

19) 児玉真樹子（2015）キャリアレジリエンスの構成概念の検討と測定尺度の開発　心理学研究, *86* (2), 150-159.

20) Amundson, N. E.（2018）*Active engagement: The being and doing of career counselling, anniversary editon*. Richmond, BC: Ergon Communications.

21) Brott, P. E.（2017）The storied approach. In N. Arthur, R. Neault, & M. McMahon (Eds.) *Career theory and models at work: Ideas for practice*. New York, NY: Routledge.

22) Miller, J.（2017）solution-focused career counselling. In N. Arthur, R. Neault, & M. McMahon（Eds.）*career theory and models at work: Ideas for practice*. New York, NY: Routledge.

23) 労働政策研究・研修機構（JILPT）（2009）欧米諸国における公共職業訓練制度と実態――仏・独・英・米4カ国比較調査
24) 熊谷直次，新目真紀（2018）グループ・キャリア・カウンセリングにおけるエクササイズの活用方法に関する考察　実践教育訓練学会
25) 浅野浩美（2022）《書評》下村英雄著『社会正義のキャリア支援――個人の支援から個を取り巻く社会に広がる支援へ』キャリアデザイン研究, *18*巻, 189-192. https://doi.org/10.57448/cdij.18.0_189
26) 下村英雄（2020）社会正義のキャリア支援――個人の支援から個を取り巻く社会に広がる支援へ　図書文化社

【参考文献】

渡部昌平（編著）下村英雄，新目真紀，五十嵐敦，榧野潤，高橋浩，宗方比佐子（著）（2015）社会構成主義キャリア・カウンセリングの理論と実践――ナラティブ，質的アセスメントの活用　福村出版

水野修次郎，新目真紀, 野田百合子（監訳）（2021）実践アイデア現場で使えるキャリア理論とモデル　金子書房

V Cohen-Scali, J.Rossier, L.Nota.（2018）Introduction: Building an International Community of Research in Career Guidance and Counseling. In V Cohen-Scali. J.Rossier, L.Nota.（Ed.）*New perspective on career counseling and guidance in Europe* Chapter1, Cham, Switzerland: Springer, 1-19.

マーク・L・サビカス（著）日本キャリア開発研究センター（監訳）（2015）サビカス　キャリア・カウンセリング理論――〈自己構成〉によるライフデザインアプローチ　福村出版

リンダ グラットン, アンドリュー・スコット（著）池村 千秋（訳）（2016）LIFE SHIFT（ライフ・シフト）　東洋経済新報社

高尾義明，森永雄太（2023）ジョブ・クラフティング――仕事の自律的再創造に向けた理論的・実践的アプローチ　白桃書房

新目真紀，梅村慶嗣，榧野潤，輕部雄輝，下村英雄，高橋浩，永作稔，松田侑子，水野雅之，渡部昌平（2016）新時代のキャリアコンサルティング――キャリア理論・カウンセリング理論の現在と未来　労働政策研究・研修機構

第 5 章

計画的偶発理論における
スキルの研究

矢崎　裕美子

1. 偶然の出来事が私たちのキャリアに 影響している

　「私たちが現在置かれている状況は，個人が自ら起こした行動の一部からなる部分と，自分ではどうすることもできない部分からなるものである。自分から仕掛けた行動と周囲の状況に応じた計画的な行動，計画外の行動との相互作用は非常に複雑で，その結果はほとんど予測不可能である」[1]

　クランボルツはこの状況を「偶然」と呼ぶのが最もふさわしいと述べています。人間はある時，ある場所で自分の意思とは関係なく，親の元で異なった特性や素因を持って生まれてきます。そして，予測不可能な出来事が無数に起こる環境の中で成長し，肯定的な性質も否定的な性質も持つ学習の機会を多く持ちます[2]。「予測不可能」で「偶然」の出来事は私たちのキャリアに大きく影響しています。偶然の出来事が大きく影響することを理論化した「Planned Happenstace Thory（以降，計画的偶発理論）[2]」や「Happenstance Learning Theory（以降，偶発性学習理論）[1]」を提唱したクランボルツ自身の「偶然の出来事」のエピソードに関しては第 1 章でも紹介されている通りですが，計画的偶発理論を有名にした論文にもエピソードが掲載されていますので，一部ご紹介します。

　　　ローラのケース：ローラは長年ソーシャルワーカーとして働いていました。彼女は理想に燃えて他の人を助けたいと願っていました。しかし，彼女は理想を追い求めながらも仕事への熱意を維持することが難しくなっていました。仕事の終わりには自分の部屋のドアを閉め，自分が見たこと，聞いたことなどを詳しく書く報告書の作業がありました。憂鬱な内容の報告書を書くのは孤独で面倒な仕事であったが，書くという

行為自体が洞察力に富み，元気を与えてくれることを発見しました。彼女は書くことへの興味を追求したいと思い，カウンセラーに適切な職業を教えてくれるよう依頼しました。カウンセラーはローラが書く目的（ソーシャルワーカーとして貧困や希望のなさから閉塞感を抱えた人々について）に注目し，出版可能性のあるテーマを設定し，いくつかの出版社や編集者にインタビューをする提案をしました。彼女の提案は受け入れられ，定期的に出版され続けています。彼女は好奇心や感受性，理性を活用し，人間の悲惨な状況を社会活動に変えることができました。ローラはその後もソーシャルワーカーとして働き続けていますが，クライエントや自分に対する考え方には大きな変化がありました。報告書を書くという出来事がクライエントに対する感受性を高め，彼らの人生を解決すべきケースではなく，語り継ぐべき物語としてとらえるようになりました。[2]

　この例では，当初ローラは燃え尽きかかっていました。しかし，報告書を書く機会がローラ自身にあったこと，そして偶然カウンセラーが出版を進めたこと，また出版社が受け入れたことが，仕事への情熱を取り戻したり，異なる視点で仕事を捉えたりするきっかけになり，自身の生き方にも影響を与えています。その他にも多くのエピソードがKrumboltz & Levin（2004）；花田・大木・宮地訳（2005）や所（2005）に掲載されています[3][4]。
　偶然の出来事の影響は，個々のエピソードだけではなく，研究でも明らかになっています。例えば Betsworth & Hansen（1996）は，大学の同窓会と退職した大学職員のグループの回答者のうち，男性の62.9％，女性の57.4％が，自分のキャリアは偶然の出来事（serendipitous events）に大きく影響されている，と認識していることが分かりました[5]。また，この偶然の出来事は次の11種類に分類されました。

1. 偶然の出来事が私たちのキャリアに影響している　167

①職業上または個人的なつながり　②予期せぬ出世　③適切な場所／適切な時期　④結婚や家族の影響　⑤他人の励まし　⑥以前の仕事／ボランティアの影響　⑦軍隊経験　⑧臨時職から正社員になった　⑨当初の進路における障害　⑩歴史的出来事の影響　⑪予想外に興味のある分野に触れた

　特に①～③は 1 つのカテゴリにつき 15 以上の重要な出来事が報告され，具体的には以下のような内容でした。

①職業上または個人的なつながり（回答者 23 名）：その後の仕事や職を得るために，指導教員，雇用主，友人，同僚との関係が，仕事に関する情報や雇用主への非公式な紹介，仕事のオファーなどにつながった。
②予期せぬ出世（回答者 19 名）：多くが通常，前任者（同僚や上司）の退職，解雇，死亡等が関連しており，空いたポジションに回答者が抜擢されたり昇進したりした。
③適切な場所／適切な時期（回答者 15 名）：適材適所や適切なタイミングの考え方を反映しており，回答者は仕事のチャンスが，そのチャンスを利用するのに最適な時期，準備の整った時期に得られるものであることを示した。

　また，Hirschi（2010）はスイスの青少年（高校生～社会人および中学生）を対象に，学校から職場への移行において偶然の出来事がどのような役割を担うのかについて調査を行いました。回答者全体のうち，64.7% が偶然の出来事が自らのキャリアに影響があったと回答をしました。出来事の内容として，調査時点において高校生や社会人の回答者は，他人の励まし（77.3%）や仕事上または個人的なつながり（63.3%）があったと振り返りました。中学生では他人の励まし（82.5%）や適切な場所／適切な時期（63.9%）を挙げました [6]。
　以上のように，青年期から成人期に至る幅広い発達過程において，私たち

のキャリアや人生には偶然の出来事が無数に存在することが理解できます。計画的偶発理論では，キャリアカウンセラーがクライエントのために，こうした偶然をキャリアの機会として認識，創造し，利用するための5つのスキルを挙げており，これらのスキルの開発を提案しました[2]。この提案以降，日本国内でも「計画的偶発理論」と共に，必要な5つのスキルとして紹介されました[4][7]。しかし，「偶然の出来事が自らのキャリアに及ぼした」エピソードに出てくる登場人物がどういったスキルを持ち，発揮したのかについては，個々のエピソードを読むとその要素を取り出すことは可能ですが（たとえば先の「ローラのケース」では，好奇心や感受性，理性を活用した記載があります），より具体的な説明や議論は少なく，偶然の出来事とスキルなどの関連についても言及が多くありません。そこでこの10数年の間に，国内外の研究者がスキルの定義や測定について研究を行ってきました。次節ではまず，スキルの測定についてご紹介します。

2. 計画的偶発理論に基づいたスキルとは

　先述のように Mitchell et al.（1999）の計画的偶発理論では偶然をキャリアの機会として認識，創造し，利用するための5つのスキルが挙げられ，キャリアカウンセラーはそれを開発する支援をする必要があると述べています。その5つのスキルは次の通りです。

① Curiosity（好奇心）：新しい学習機会を探求する
② Persistence（粘り強さ）：挫折しても努力をする
③ Flexibility（柔軟性）：態度や状況を変える
④ Optimism（楽観性）：新しい機会を可能であり，達成できると考える
⑤ Risk taking（リスクテイキング）：不確実な結果に直面しても行動を

起こす[2)]

　これら5つのスキルを評価，測定しようと国内外の研究者が測定尺度を作成し，それらが複数の研究で用いられています。まず，海外のスキル研究は，韓国で多く行われてきました。例えば Kim, Jung, Lee, Rhee, Cho, & Lee（2014）は，予期せぬ出来事をキャリア開発の機会と捉えて利用する人の特性や態度を評価する測定尺度として Planned Happenstance Career Inventory（以降 PHCI）を作成し，韓国の大学生を対象に調査をしたところ，計画的偶発理論で想定された5つのスキルを見出しました[8)]。尺度は内的一貫性[*1]が確認され，性別による因子構造の違いがないことも明らかにされました。また尺度の妥当性[*2]について，キャリア選択に対する自己効力感と5つのスキルは正の関連を持ち，キャリアについての準備行動との関連では，楽観性，リスクテイキング，持続性とは正の関連が見られ，キャリアについてのポジティブな側面とは正の関連を示すことが分かりました。キャリアストレスのようなネガティブな側面とは好奇心以外で負の関連を持ったため，PHCI の妥当性が確認されたと言えます。

　さらに Lee, Cho, Lee, Eum, Jang, Suh, & Lee（2017）は，Kim et al.（2014）が韓国の大学生を対象とした研究および尺度開発であり，多様な文化圏の人々やさまざまな言語を話す人々のスキルの認識が異なる可能性があることを指摘しました[9)]。そこで韓国とアメリカの2つの研究チームが共同でPHCI の英語バージョンを作成し，調査対象者をアメリカ南東部の大学生としました。PHCI 英語バージョンはオリジナル Kim et al.（2014）と同様の

[*1] 内的整合性とも呼ぶ。尺度項目全体が同一の心理学的特性（たとえば「好奇心」）に対する測定を実現しているときに，そのテストを内的一貫性（整合性）の高いテストと呼ぶ。内的一貫性を表す指標としてクロンバックの α 係数が用いられることが多い（参考：心理学辞典 , 1999）

[*2]「テストの得点の解釈とそれに基づく推論の正当性の程度」のことである。従来からある外的基準との相関係数によって評価されてきた。しかし，理論から予測される命題が限りなくあるため，妥当性を評価するための単一な指標はないとされる。（参考：心理学辞典 , 1999）

5因子構造が見られ，尺度の内的一貫性も確認されました[8]。PHCIはその後イタリア版（Sica, Ponticorvo, & Palma, 2022）やマレーシア版（Adli, Mahmud, Amat, Sahid, & Nasir, 2024）なども作成され，それぞれオリジナルと同様の5つのスキルが測定可能となっています[10] [11]。

　一方，日本国内でも測定尺度が作られています。田島・岩瀧・山﨑（2017）[12]；岩瀧・山﨑・関根（2012）[13]では，大学生を対象にPlanned Happenstance Skills（以降PHS）尺度を作成し，以下5つのスキル，好奇心（項目例：身の回りのことや自分が体験したことから知識を深められる），忍耐力（項目例：失敗を繰り返しても小さな進歩を確認できる），柔軟性（項目例：克服できない大きな壁にぶつかったときは，新しい目標を探す），楽観性（項目例：物事の明るい面を考える），リスクテイキング（項目例：他人にとって難しい課題でも自分は簡単にできる）を明らかにしました。

　また，浦上・高綱・杉本・矢崎（2017）は，計画的偶発理論の5つのスキルを参考にしつつ，「自らの境遇について，それをキャリア形成につながるかもしれない機会として認識したり，予測できない出来事を活用したり，積極的に作り出したりするためのスキル」と定義した「境遇活用スキル」を設定し，それを測定する尺度を開発しました。彼らはMitchell et al.（1999）を踏襲しつつ，日本で必要と思われる「他者とのつながりに関するスキル（紐帯）」を追加しました[14]。Granovetter（1973）が「弱い紐帯の強さ」と表現したように，職業や配偶者などを探す際に仲介者や紹介者が存在したり，家族や友人などの強いつながりよりもよく知らない人や会う機会の少ない人といった，弱いつながりから有益な情報を得たりすることが見出されているためです[15]。開発尺度は想定された6つのスキルより構成され，尺度の呼称を各スキルの頭文字よりCPFOSTとしました。また，この尺度を用いた大学生を対象とした調査を実施したところ，再検査信頼性や内的一貫性が確認され，使用するのに十分な信頼性を有していると判断されました。その後，社会人を対象とした調査でも大学生と同様に次の6つのスキルで構成さ

2. 計画的偶発理論に基づいたスキルとは　171

表 5-1　計画的偶発理論に基づくスキル / CPFOST と PHCI 英語バージョンの尺度項目

境遇活用スキル　CPFOST（浦上ら, 2017[14]）＊3	
興味探索スキル（curiosity に対応）	
1	身の回りの出来事や自分の体験を組み込んで，現状の知識をさらにひろげること
2	今の自分の関心にとどまらず，いろいろなものに関心を広げること
3	何の役に立つかわからないことでも，興味を感じたらやってみること
4	自分がやってみたいことを教えてくれる場所や人を探すこと
5	新しい体験ができるチャンスを見つけ，積極的にかかわること
継続スキル（persistence に対応）	
6	苦労するとわかっていることでも，やり通すと決心すること
7	面倒に思っても，途中で物事を投げ出さないこと
8	嫌なことでも何とかやり遂げること
9	困難な状況でも粘り強く取り組むこと
10	問題にぶつかったとき，そこから逃げたいという気持ちを抑えること
変化スキル（flexibility に対応）	
11	困難にぶつかったとき，新しい手段や方法を見つけること
12	自分のおかれている状況を変えたいとき，その状況にうまく働きかけること
13	物事をうまく進めるために，自分の考え方を変えること
14	普段のやり方でできない場合，やり方を工夫すること
15	自分がより成長できる状況を作りだすこと
楽観的認識スキル（optimism に対応）	
16	何かに取りかかるとき，「自分次第できっとできる」と考えること
17	困難なことに直面したとき，「この出来事には対処することができる」と自分に思わせること
18	現状がうまくいっていないとき，「うまくいく方法はいずれ見つかるはずだ」と考えること
19	新たな挑戦をするとき，「きっといつかは達成できる」と考えること
20	どんな時でも前向きな気持ちを持ち続けること
開始スキル（risk taking に対応）	
21	うまくいくかどうかわからなくても，とりあえず始めること
22	やりたいことであれば，失敗する可能性があっても挑戦を始めること
23	「悩んで動かないよりも，動き始める方が大事だ」と自分に思い込ませること
24	何かをしようとするとき不安に感じることであっても，それに取り組むこと
25	経験のない新しいことであっても，取り組んでみること
紐帯スキル（tie；浦上他, 2017[14] で新たに設定）	
26	知り合いが少ない会に気軽に参加すること
27	親密さの程度にかかわりなく，幅広く他者とのつながりを維持すること
28	あまり親しくない人に，依頼やお願いをすること
29	立場や考え方の違う人と積極的につながりを持つこと
30	初めて出会った人から，自分が興味を持っている話を聞きだすこと

＊3 各尺度への回答方法について，浦上ら（2017）では「7. うまくやれると思う」～「1. うまくやれないと思う」の7段階，[14] Kim et al.（2014）では「5. とてもそう思う」～「1. 全くそう思わない」の5段階のリッカート式で回答が求められ[8]，回答の数字をその回答の得点としている。

PHCI 英語バージョン（Lee ら，2017 を邦訳）[9]	
curiosity	
1	私の周囲で偶然起こることに興味がある
2	新しいことを経験する非日常的な機会は、私の好奇心を刺激する
3	私は予定外の出来事に好奇心を持って臨む傾向がある
4	私のキャリア選択に役立つかもしれない新しい活動にとても興味がある
5	私は仕事の情報にを見つけると、好奇心を持ってそれを調べる
persistence	
6	予期せぬ困難にもかかわらず私は努力を続ける
7	自分のキャリアを追求する過程で、たとえ予期せぬ困難に直面したとしても辛抱強く努力するだろう
8	私はキャリア探索において困難があっても、それを続ける傾向がある
9	自分のキャリア探索でのプロセスで予期せぬ困難があっても、忍耐強く自分の道を歩む
10	予想外の困難にもかかわらず、私は自分のキャリアプランを実現するために粘り強く努力を続ける
flexibility	
11	転職を検討することは構わない
12	私のキャリアパスは人生においていつでも変わる可能性があると思っている
13	私は 1 つのキャリアパスだけを追求するのではなく、別のキャリアパスにも柔軟に対応する
14	私はキャリアの決定を柔軟に行う傾向がある
15	キャリアパスはいつでも変えられると思う
optimism	
16	私は将来のキャリアパスについて前向きに考えている
17	私の将来のキャリアパスは明るい
18	私の将来は可能性に満ちていると思う
19	私のキャリアパスに沿って、多くのチャンスが訪れるだろう
20	たとえ私のキャリアパスが当初の計画通りにならなかったとしても、うまくいくだろう
開始スキル（risk taking）	
21	たとえ結果が不確実であっても、私は自分が選んだキャリアパスを追求し続けるつもりだ
22	たとえ結果が確実でなくても、私はリスクを冒して挑戦するつもりだ
23	自分のキャリアを追求するプロセスで、私はある程度のリスクを負う覚悟をしている
24	より満足のいくキャリアパスを目指して、道の事柄に積極的に挑戦していきたいと思う
25	たとえ成功が保証されていない仕事でも、私は試してみるつもりだ
該当なし	

れることが明らかになっています（矢崎，高綱，杉本，浦上，2023）[16]。

① 興味探索スキル（curiosity に対応）：興味の幅を広げたり，興味のあることを探索，探求する
② 継続スキル（persistence に対応）：苦労することや手間のかかることでも，それを持続する
③ 変化スキル（flexibility に対応）：自分の考え方や態度，自分の置かれている環境を，より適応的なもの，より望ましいものへ変化させる
④ 楽観的認識スキル（optimism に対応，「楽観」と省略される場合もある）：結果やプロセスに対してポジティブな見通しを持つ
⑤ 開始スキル（risk taking に対応するが start，initiative というイメージを持つ）：結果や成果が不確かな場合でも，回避せずそれを始める
⑥ 紐帯スキル（tie）：人と人との つながりである紐帯，特に弱い紐帯をできるだけ多くつなげ，維持する

　また，尺度の妥当性を検討するにあたり，浦上ら（2017）は回答者の心的特性や日常生活の側面に注目しました。心的特性は，時間的展望と曖昧さへの態度，日常生活については学生の課外活動への参加状況や，学生としての不適切行動を取り上げました。その結果，6つのスキル全てと曖昧さの肯定的側面である「曖昧さの享受」，時間的展望の「目標志向性」や「希望」が正の関連を持ちました。日常生活の側面では，全体的にスキルは不適切行動と負の関連を持ち，学外団体への参加やアルバイトの有無では，参加している者のスキルが有意に高く示しました。この結果より CPFOST の妥当性が確認され，境遇活用スキルが生活環境を広げることに関連するスキルであることも示されました[14]。
　CPFOST（浦上ら，2017）は日本国内，Kim et al.（2014），Lee et al.（2017）らが作成した PHCI は海外の複数の実証研究で用いられているため，CP-

FOSTおよびPHCIの英語バージョンを邦訳した尺度項目を表5-1に掲載しました[8][9][14]。内容を見ますと，共通点としてはMitchell et al.（1999）が提唱した計画的偶発理論の5つのスキル[2]に基づいていること，各スキルの項目が5つずつのため項目数としては比較的測定に用いやすいということです。相違点としては先述のようにCPFOSTには「紐帯」スキルを追加されていること，PHCIでは項目内容に「キャリア」や「キャリアパス」の用語が多く見られるのに対しCPFOSTではそういった用語は見られないことが挙げられます。これはKim et al.（2014）は特に就職の機会に言及をしたMitchell et al.（1999）を忠実に踏襲している[8]のに対し，浦上ら（2017）では，予期せぬ出来事は日々の生活の至る所で起きており，偶然の出来事を認識したり想像したりするスキルは日々絶え間なく活用されていると考えているためでしょう[14]。さらに，日常における出来事への対応の積み重ねがキャリアを形成することにつながることを前提にしたため，あえて「キャリア」に限定せず，日常生活を含めた人生全体に適用可能なものを目指したと言えます。

　ではこれらの測定尺度はどのように研究で用いられてきたのでしょうか。次節では尺度を用いた国内外の研究をご紹介します。

3. スキルがあると何がよいのか？ 国内外の実証的研究より

　計画的偶発理論に基づいたスキルの研究について，国内，国外別にご紹介します。スキルを持つことでよい効果を示すと考えられる適応指標，学習活動や経験との関連，スキルの変化や環境移行との関連に分けて説明します。国内では大学生を主な対象とした研究が多くありますが，社会人対象の研究

もあるため対象者別にご紹介します。国外では文化比較の研究もありますのでそちらも最後に示します。

a 国内の大学生を対象とした研究

(1) 大学生における適応指標との関連

　社会が急速に変化するなかで，新しい機会や経験に触れ，さまざまな状況に対処することで私たちが自ら出来事を生み出し，QOL を高めることが必要です。このような意味合いから，以下の研究では複数の適応指標が取り上げられ，スキルとの関連が検討されています。

(a) 大学新入生の適応感に対する計画的偶発理論の適用

　例えば浦上・矢崎・杉本・高綱（2023）は社会経済的環境の変化は職に就いている人や求職している人，就職直前の学生のみならず，子どもや生徒をも巻き込み彼らの現状や将来にも影響を与えることを問題意識としました[17]。そこで，計画的偶発理論が大学新入生の適応感にどのように寄与するのかを明らかにすることで，キャリア教育の新たな方向性を探ることを目的としました。具体的には，大学新入生を対象に調査を行い，境遇活用スキル（CPFOST）が学生生活のリアリティショックを感じることと適応感の間でどのように作用しているのかという観点から分析を行いました。適応感は「居心地の良さ」「課題・目的の存在」「被信頼・受容感」「劣等感のなさ」で捉えられました。

　結果は，特に「居心地の良さ」「課題・目的の存在」についてネガティブなリアリティショックを感じれば適応感は下がりますが，境遇活用スキルの程度が高ければ適応感に対するリアリティショックの悪影響は軽減されることが明らかになりました。「居心地の良さ」の感覚は周囲となじむことから生じる気楽さや快適さの感覚，「課題・目的の存在」は課題や目的があることによる充実感を示しています。

　この結果より，リアリティショックに直面した場合，周囲となじむことに

つながる活動，大学での課題や目的を見つけ出すような活動に境遇活用スキルが活用できることが推測され，大学入学といった環境の変化とそれに伴う適応感にも計画的偶発理論が適用できることを確認しました。

（b）大学生の精神的健康と PHS 尺度の関連

　一方，PHS 尺度を用いた田島ら（2017）は，大学生の精神的健康との関連を検討しました。精神的健康の指標として，大学の相談機関で最も活用されているとされる精神健康調査（University Personality Inventory）を用いました[12]。この調査は大学や大学院における留年や早期退学を予測することが明らかになっています。

　要素としては，精神・身体的訴え，抑うつ傾向，対人不安，脅迫傾向・被害関係念慮，向社会性が挙げられます。PHS の 5 つのスキルの中では，リスクテイキングが女性よりも男性の方が有意に高い得点を示し，UPI については精神・身体的訴えで男性より女性の方が有意に高い得点を示しました。また，特に楽観性やリスクテイキング，忍耐力が精神・身体的訴えや抑うつ傾向，対人不安などと負の関連を持つことが明らかになり，スキルが高い学生ほど精神的健康度が高いことを示しました。同様に PHS 尺度を用いた山﨑・岩瀧・関根（2012）では，大学生を対象にした調査で他者からの援助（サポート）を適宜活用することに注目をし，楽観性や忍耐力の高い人ほど，友人や教員への援助者の探索，適切な言語的働きかけ，ノンバーバルなどの援助要請スキルも高いことを明らかにしました[18]。

　こうした研究結果より，スキルの尺度の種類や適応指標として取り上げた要素は異なるものの，スキルの高さは大学における適応にポジティブに働くことが分かります。

（2）大学での学習活動との関連

　スキルと積極的な学習活動との関連も検討されています。

（a）境遇活用スキルと学習経験への積極性との関連性

　高木（2015）は，大学入学時の境遇活用スキルの高さが大学における「地域連携実践演習」のような実践型科目へのエントリーを予測することを示しました。特に興味探索や紐帯のスキルはエントリーをしなかった学生と比較するとエントリーをした学生の得点が高く，境遇活用スキルが学習経験への積極性を高めることを指摘しました[19]。

（b）「難しさ」の認識と学習活動の関連性

　浦上・解良・藤田（2024）は，心理学を学ぶ大学 1 年生の多くが必須で統計科目を履修する必要があり，統計の学習には数学に対する「難しさ」の認識が影響していることに注目しました。「難しさ」には、心理学を学び始めた 1 年生では具体的な心理学の研究における統計の有用性や役割が理解できていないことも関連します。ただし，大学で統計を学ばなければならなくなった状況を「学習機会への遭遇」と捉えるならば，境遇活用スキルが「難しい」という認識と学習活動の関連を調整しうると仮定しました。そこで統計を学ぶ必要のある大学 1 年生を対象に調査を行ったところ，数学に対する難しさや有用性の信念と学習活動との関連を境遇活用スキルが調整する効果は認められませんでした。しかし，境遇活用スキルは複数の学習活動[*4]との間に有意な正の関連が見られました[20]。

　特に，予習活動における先行知識への統合方略（自分の理解状態をメタ認知的に捉えながら知識構造に情報を取り込もうとする）や理解過程の外化方略（自分の理解やテキストの要点を外的に表現する），授業中の活動における行動的エンゲージメント，自律的援助要請，復習活動の教訓帰納（同じ間違いを繰り返さないよう自分の間違いを重点的に見直す）といった深い認知処理を伴う望ましい学習活動を促すことが分かりました。また予習における暗記，復習におけるリハーサル（反復して書き写す）のような方略の使用とは無関係また

＊4 学習活動の詳細は，解良・浦上・藤田（2024）[21] を参照してください。

は弱い負の関連であることも分かりました。

　以上のようにスキルは，大学での学習活動への積極性に寄与するだけではなく，学習者一人での深い学習や必要に応じて解決のヒントを乞う援助要請にもポジティブな関連が見られました。この結果より，浦上ら（2023）で示されたような大学生活の適応面のみならず，学習活動の面からも境遇活用スキルの効果が示唆されました[17]。

（3）大学の経験に伴うスキルの変化

　後述しますが，スキルは学習経験により獲得すること，変化することが想定されています。そこで高木・永井・佐々木（2024）は大学在学中の経験や状況により，職業をはじめとした「生き方」は変わりうるものであると指摘し，大学入学時と卒業前の境遇活用スキルの変化とその変化に影響を与える要因を検討しました[22]。その結果，6つのスキル全てにおいて入学時より卒業前のほうが，得点が高くなることが分かりました。

　また大学の成績評価全体を示すGPA（Grade Point Average）と境遇活用スキルの興味探索，継続，変化の増加量の間に弱い正の相関が見られ，高い成績を収めた学生ほどそれら3つのスキルが大学生の間に伸びたと報告したことが分かりました。さらに，留学やインターンシップ経験がある学生と経験がない学生を比較すると，経験ありの学生のほうが興味探索の得点が高いことも示されました。これらの結果より，境遇活用スキルが高い学生が大学内外の実践や活動に積極的に参加し，そこでさらに成長につながる経験を活用してスキルを高めていく可能性も指摘されました。

　以上，国内の大学生における研究では，適応指標との関連，学習活動との関連，経験に伴うスキルの変化について検討されてきました。スキルを持つことが円滑な学生生活や学習活動を促し，そして大学での諸経験によりスキルが向上することも示唆されました。

b 国内の社会人を対象とした研究

(1) 職業生活におけるスキルと適応指標との関連

　上記のように大学生対象の研究が多く見られますが，社会人の研究もいくつかなされています。続いて社会人を対象とした研究をご紹介します。

(a) 職業選択志向性と職務満足感の関連における境遇活用スキルの調整効果

　まずは大学卒業後の若手社会人を対象にした研究です。赤城・井上・西村（2024）は 22 〜 30 歳の職に就いている社会人を対象とし，職業選択志向性と職務満足感との関連における，境遇活用スキルの調整効果を検討しました。職業選択志向性は好きなことや自分のやりたいことを仕事に結びつけて考える「やりたいこと志向」と自分のやりたいことや好きなことにこだわらずとりあえず就職しようとする「とりあえず志向」の 2 側面で捉えました。

　調査の結果，やりたいこと志向と境遇活用スキルは職務満足感に正の関連を示しました。特に変化スキルと職務満足感との正の関連が見られたため，職務満足感には変化スキルを含めたスキル全般が効果的であることが示されました。さらに，とりあえず志向が低い人ほど境遇活用スキルが高い場合に職務満足感が高いことも分かりました。[23]

　この結果を受けて，赤城ら（2024）は大学全入時代を迎えた現代の若者に対しては，やりたいことを明確にすることに加えて，境遇活用スキルを高めることやとりあえず志向を下げて次の環境に移行させるといったキャリア教育が必要であると指摘しました。[23]

(b) 会社員，教員，看護師を対象とした境遇活用スキルの変化

　次に，20 〜 60 代を幅広く対象にした研究です。楠見・西川（2019a）は会社員，教員，看護師を対象にし，境遇活用スキルの発達的変化および境遇活用スキルと性格特性のビッグファイブ，仕事経験で獲得される実践知，人生経験で獲得される叡智との関連を検討しました。

　その結果，教員と看護師において境遇活用スキルが加齢によりゆるやかに

上昇すること，教員と高年齢層において境遇活用スキルと叡智，実践知の相関がやや高いことが分かりました。また，ビッグファイブのうち外向性と開放性が境遇活用スキルの6スキルに影響し，特に変化スキルが実践知や叡智を高めるといったパスモデルも示しました。[24]

(c) 会社員，教員，看護師を対象とした計画的偶発理論に基づく研究

楠見・西川（2019b）も同様に会社員，教員，看護師を対象にしました。ただ，楠見・西川（2019b）では職場で働く人のキャリア発達を捉える計画的偶発理論に基づく5つのスキル尺度を開発し，境遇活用スキルもあわせて実践知，叡智との関連を検討しました。[25] 職場における計画的偶発性の5つのスキルは（Mitchell et al. 1999）に基づき，好奇心，持続性，柔軟性，楽観性，挑戦性[2] の5つで構成されました。これらのスキルや境遇活用スキルと職場における知識獲得に関わる指標（批判的思考態度，省察，経験学習態度など）との関連を検討しました。

その結果，全体として境遇活用スキルが，職場の計画的偶発性スキルよりも知識獲得に関わる指標との関連を高く示しました。またその関連は会社員や教員で強く，看護師においては会社員・教員に比べると関連が強くないことも分かりました。

以上のように，社会人の職場生活に注目した研究では，スキルが高いことで職務満足感や叡智，実践知を高く持つ効果が示されました。特に境遇活用スキルの中では変化スキルの記述が見られ，変化スキルがとりわけ良い効果を持つことも示唆されました。

(2) 日常生活における適応指標との関連

ところで，計画的偶発理論に基づく多くの研究はポジティブ，肯定的な出来事が取り上げられています。実際に予期せぬ，偶然の出来事として挙げられた事例や先行研究はキャリアの成功に代表されるポジティブな内容が多くありました[26]。Bright, Pryor, Chan, & Rijanto（2009）の調査でも，多くの

回答者が肯定的な偶然の出来事が否定的な偶然の出来事よりも「自らのキャリアの結果に多少なりとも大きな影響を与えた」と認識していることを明らかにしています[27]。

　一方で，不本意な転勤や解雇，事故やスキャンダルなど本人のコントロールを超えたネガティブな事象は多く存在します[28]。それに対して落胆したりや無為無策で行動したりする人もいますが，より大きな努力に挑戦する人もいることも指摘されています[2]。本章でこれまで紹介した研究も，全体としては職務満足感や実践知，叡智など人生やキャリアにおいてポジティブな要素が見られます。

　そこで，矢崎ら（2023）は 20 〜 50 代の社会人を対象に，ネガティブな出来事に対する計画的偶発理論の適用について検討しました。具体的には，日常生活のネガティブな出来事を取り上げ，それに対する対処行動に境遇活用スキルがどのように作用し，適応感につながるかを調査しました。その結果，境遇活用スキルは全体的に無職やパート・アルバイト，主婦の人より一般社員や公務員・団体職員の方が，年代では 50 代の人がそれ以外の年代より得点が高いことが分かりました[16]。

　また，楽観スキルの主観的幸福感や無気力との直接的な関連や，楽観スキルや紐帯スキルと情動焦点型対処行動との正の関連も示しました。すなわち，楽観スキルは持っているだけで主観的幸福感を高め，無気力を低下させる効果があることが示されました。情動焦点型対処行動は「物事の明るい側面を見た」といった気晴らしなどの内容を含んでいるため，楽観スキルや紐帯スキルは，ネガティブな出来事に対する認知的な枠組みの捉え直しを可能にし，日常生活の適応感を高めることを指摘しました。

　以上のように社会人を対象とした研究はまだ多くはありませんが，スキルが主観的幸福感や職務満足感などの個人の適応を促し，実践知や叡智などともポジティブに関連することで，働く上で組織に対しても貢献するような示唆が得られています。

c 国外の研究

　国外では，韓国で計画的偶発理論に基づく PHCI 尺度または PHCI の英語バージョンが作成されており，それらを用いた研究が多く見られます。

(1) 大学生・大学院生におけるスキルと適応指標との関連

　日本国内と同様に，国外においても主観的幸福感のような適応指標との関連が検討されています。Valickas, Raišiene, & Rapuano（2019）はリトアニアの大学生と大学院生を対象に PHCI が心理的幸福感および学業適応に与える影響について調査を行いました。その結果，心理的幸福感には楽観性が影響すること，学業成績には楽観性と柔軟性が影響することが分かり，将来のキャリアの機会や達成可能性に対する楽観的な見方が個人の有効な資源として機能することを示唆しました[29]。

(2) 大学から職場への移行に伴うスキルの変化

　韓国では，大学から職場への移行に着目した縦断的研究が複数行われています。

(a) スキルの人口統計学的な差異

　Kim, Kim, Yang, Yaung, & Lee（2017）は，計画的偶発理論におけるスキルの性別や居住地域，雇用形態といった人口統計学的な差異を検討するため，韓国の大学 4 年生を対象にし，大学から社会の移行期に 3 回の縦断調査を実施しました。2 回目の調査時点において，約 80％が大学を卒業した状態でした。

　その結果，時間の経過に伴い，PHCI の平均値は全体的に減少することが示されました。また，男性は女性に比べてリスクテイキングの得点が高く，都市部の人は郊外の人よりも全体的にスキル得点を高く示しました。有職者は無職の人よりも柔軟性が高いことも分かりました。これらの結果より，人口統計学的な傾向を知ることがクライエントの理解につながり，介入戦略に

3. スキルがあると何がよいのか？ 国内外の実証的研究より　183

つながることを示唆しました[30]。

（b）大学から職場への移行期におけるスキルやキャリアの変化

Yang, Yaung, Noh, Jang, & Lee（2017）も，大学から職場への移行期におけるスキルの変化およびその変化に関するキャリア関連の指標がどのように関連するかを検討するため，韓国の大学生を対象とした3回の縦断調査を実施しました。3回目の調査時点で43％が有職の状態，31.6％が無職の状態でした。PHCIの5つのスキルのうち，リスクテイキング以外の4つのスキルは時間の経過に伴い得点が低下していったため，先のKim et al.（2017）[30]と類似した得点の推移が見られました[31]。

1回目の調査時（大学卒業前の卒業見込み時点）においてキャリア関連の指標として，キャリア願望，キャリア選択の自己効力感，キャリアの障壁，キャリア・エンゲージメントを測定しました。その結果，キャリア願望，キャリア選択の自己効力感，キャリア・エンゲージメントは全体的にPHCIの得点と正の関連を見せました。さらに詳しく分析を行うと，初期にキャリア願望が高かった学生や多くのキャリア障壁を感じた学生は，時間の経過とともに好奇心が早く低下しました。さらに，キャリア選択の自己効力感は持続性と正の関連を示しましたが，初期に自己効力感を高く報告した人は，そうでない人に比べて持続性が早く低下しました。

（c）学校から職場への移行における機能不全的キャリア思考と
　　　自己効力感におけるスキルの調整効果

Kim, Lee, Ha, Lee, & Lee（2015）では，学校から職場への移行における機能不全的キャリア思考（dysfunctional career thoughts）とキャリア選択の自己効力感の関連について検証するため，韓国の大学生を対象に大学卒業前と卒業1年後の2回の縦断調査が行われました[32]。機能不全的なキャリア思考とはキャリアに関する非合理的で否定的な思考とされます。この思考を持つ人は新しい学習経験に関与しない可能性があり，それがキャリアの自己効力感を低下させたり，不安を助長させたり，新しいキャリア開発の行動を制

限することが予測されます。

　分析結果より，彼らは大学卒業前に比べて大学卒業後に機能不全的キャリア思考を持つ傾向が強い場合，キャリア選択の自己効力感を下げることを明らかにしました。さらに上記2つの関連，すなわち機能不全的キャリア思考とキャリア選択の自己効力感との関連において，PHCI の調整効果が見られるかどうかを検討しました。その結果は，PHCI の得点が低いまたは中程度の回答者においてのみ，機能不全的キャリア思考がキャリア選択の自己効力感に負の影響を及ぼすことが明らかになりました。つまり，スキルの得点が高ければ，機能不全的キャリア思考が高くても，大学卒業後の自己効力感は相対的に低くなりうることが示されました。

　大学から職場への移行に伴う変化に注目をした研究からは，計画的偶発理論のスキルが大学生から社会人への移行段階においても重要であることが分かり，スキルの獲得が特に機能不全的なキャリア思考に陥る人へのキャリアマネジメントや支援に有効であることも示唆されました。しかし，移行期にはどちらかというとスキルが低下することも指摘されています。

　スキルの評定はすべて自己評価であり，環境の変化に対して，自らのスキルが思ったより活用できないと判断されたり，社会人のリアリティショックのようなネガティブな経験が相対的に自己評価を低くしたりしている可能性もあります。

（3）スキルの文化比較

　これまで見てきたように，国外ではリトアニアの学生を対象に実施された研究があるものの，多くが韓国の高校生や大学生を対象に行われてきました。計画的偶発理論は当初，個人主義的文化圏と言われるアメリカで提唱されましたが[2]，その実証的，概念的研究のほとんどが韓国，台湾，日本などの集団主義文化圏で行われてきたことが指摘されました[33]。

　PHCI の尺度は韓国版（Kim et al. 2014）と英語版（Lee et al. 2017）が作成

され，英語版についてはアメリカの大学生が調査対象になったものの，その後の発展的な研究が必要でした。そこで，Lee et al.（2019）は計画的偶発理論に基づくスキルが文化を超えて普遍的な構成要素であり，文化に関係なく適用可能であるかどうかを明確にするため，韓国とアメリカの大学生を比較した異文化間の研究を行いました。

尺度はPHCIの英語版（Lee et al. 2017）が用いられました。分析の結果，大きく3つの事柄が明らかになりました。1つ目に，PHCIの5因子構造は韓国，アメリカで概ね共通して見られたため，文化を超えて共通の構造であることが分かりました。2つ目に5つのスキル間の関連を国別に見たところ，韓国の方が全体的に5つの相関は高く示し，アメリカでは柔軟性と持続性，楽観性，リスクテイキングの相関が低いが，楽観性とリスクテイキングは高いというように，アメリカの方が5つのスキル間の相関に濃淡が見られました。3つ目に，5つのスキルについて平均値の差を検討したところ，リスクテイキングには有意差が見られませんでしたが，残る4つのスキル得点については，アメリカの学生に比べて韓国の学生の方が有意に高く示しました。とはいえ，好奇心，柔軟性，楽観性については大きな差ではなく，特に差が見られたのは柔軟性でした（韓国 M=3.80, SD=0.70；アメリカ M=3.34, SD=0.72）。

この点について，Lee at al.（2019）は韓国の経済状況や文化的背景を考慮すべきと述べています[33]。まず経済状況について，韓国では1997年の金融危機以降，様々な形態の非正規雇用が増加し，柔軟な雇用政策が採用された結果，雇用条件は悪化しています。その影響で学生がより良い条件と雇用保障のある仕事を柔軟に求めるようになっているため「柔軟性」スキルを高く評価しているのではないかないかと考察しました。

次に文化的背景について，韓国のような人間関係に依存し，社会集団の他のメンバーが自分をどう認識するかを非常に気にする高コンテクスト文化圏の個人は，他の人よりも高い給与やより良い労働条件といった社会的に望ま

しい規範を反映した肯定的な自己イメージを表示することにこだわります。一方，アメリカのような低コンテクスト文化圏の個人は，社会的自己より個人的自己を重視し，自分の興味に応じて選んだ仕事を維持したいのかもしれないことを指摘しました。そのため，新しい機会に柔軟に挑戦しようとするスキルの活用がアメリカでは相対的に低くなる可能性を示唆しました。

　Lee at al.（2019）の文化比較からは，少なくとも韓国とアメリカの大学生は，計画的偶発理論に基づく 5 つのスキルの構造が同様であり，得点の差異も多少は見られたものの目を見張るほどの大きな差ではないことが理解できます。「柔軟性」の得点の差も，経済状況や文化的背景の問題もあるかもしれませんが，調査対象者（サンプル）の問題も考えられます。そのため，個人主義・集団主義や低コンテクスト・高コンテクストといった文化的背景による相違は現時点では明確になっておらず，今後の検討課題と言えます。

　以上のように，国外の研究では韓国で作成された PHCI 尺度を中心に，適応指標との関連，大学から職場への移行に伴うスキルの変化，スキルの文化比較について検討が行われてきました。特にスキルを得ることでどのような効果が見られるかについて着目して説明しました。それではどうするとスキルは身に付くのでしょうか。次節ではスキルを身に付ける手がかりについてご紹介します。

4. どうすれば偶然の出来事を理解，創造するスキルは身に付くのか？

a スキルの理解

　スキルを身に付けるために必要なこととしてまず理解したいのは，2 章でも説明がされている通り，スキルが「学習」に基づくということです。これは，

理論名に「計画」や「学習」が含まれていることからも理解できます。これらの理論は偶然性が注目されるがゆえに不確かな理論のように捉えられ，キャリア支援の現場で扱うことがためらわれる場合があります[34]。しかし，吉川（2023b）は，偶発性学習理論が社会的学習理論の最新版に位置付けられていること[2]を強調しています。すなわち5つのスキルは個人が持つ性質や特性ではなく，学習によって習得され，永続的な行動変容につながる技能とみなされます。スキルを向上させることにより，偶発的な出来事につながる行動や挑戦を起こしやすくするのです。

　注意したいのはスキルの向上は1回の行動で何かがつかめるといった運任せのアプローチではなく，試行回数を増やす中で学習経験を重ねていき，キャリア開発の機会を狙っていくものとみなされています。この点について，Bright et al.（2009）も偶然の出来事は単独で起こるのではなく，一連の予期せぬ出来事として経験されることが多いことを示しました。さらに，一連の出来事は，独立した出来事よりも，むしろ連結した出来事として経験される可能性が高く，連結された偶然の出来事の影響は，独立した偶然の出来事よりも重要である可能性が高いことを指摘しています[27]。

　学習経験の一連のプロセスにおいて，吉川（2023a；2023b）は偶発的な学習やスキルは「円環構造」であることを指摘しました[34][35]。例えば学習の結果としてスキルが向上すれば，結果として次の機会を得る学習の起点になります。学習を繰り返し発生させて行動を変容させ，結果として次の学習につながるプロセスが継続していきます。高木ら（2024）も大学生の入学時と卒業時におけるスキルの変化を検討した際に，スキルの高い学生が実践や活動に積極的に参加し，そこでさらに成長につながる経験を活用してスキルを高めていく成長の循環が存在する可能性を指摘しています[22]。この指摘も，学習経験とスキル向上が繰り返される円環構造が意識されており，もっと言えば経験とスキル向上の相互作用による螺旋構造が想定されていると考えられます。

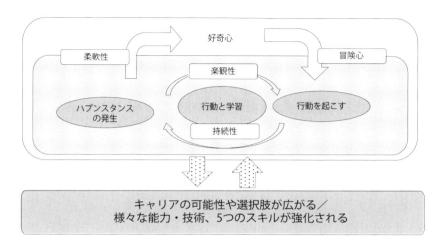

図 5-1 吉川（2023b）より

b スキルの形成プロセス

　計画的偶発理論におけるスキルは学習経験に基づくものであり、スキルは円環構造で獲得されることが理解できました。さらに踏み込むと、スキルは5つ（浦上ら（2017）などでは6つ）が想定されており、それらは一度で身に付くものではなく、一定のプロセスがありそうです。

　吉川（2023b）は5つのスキルを含めた偶発的な学習が発生するプロセスをモデル化しました（図5-1）。まず「好奇心」から行動することで何かしらの学びがあり、その結果自分のキャリアが広がっていくことを学習していきます。それを起点として、「冒険心」を持って行動を起こす中で、一定確率で偶発的な出来事が発生します。その出来事をチャンスととらえて「楽観的」に踏み込んで行動を「継続」することで、次の出来事も発生していきます。行動をする中で興味が薄くなった場合や状況が変化して継続することに不利益が想定される場合などは、「柔軟性」を発揮して次の「好奇心」から

の行動にうつるといったサイクルです（図5-1）。

　このサイクルについては海老原（2017）も類似した説明をしています。彼は『クランボルツに学ぶ夢のあきらめ方』という書籍で，主に日本で活躍する芸人の共通点について計画的偶発理論の観点から説明しました。そして，計画的に偶然の出会いを増やし，そこから「夢の種」を導き出すための5つのスキルの形成プロセスとして好奇心（面白い），冒険心（やってみよう），楽観（大丈夫），持続（納得いくまで），柔軟（テングにならない）の流れであると主張しました[36]。

　これらは Mitchell et al.（1999）や Krumboltz（2009）に基づいた5つのスキルであり，日本において浦上ら（2017）が必要であると指摘した6つ目の「紐帯」スキルは含まれていません。もしこのサイクルに「紐帯」を追加するとすれば，5つのスキル全てに関係するのではないでしょうか。例えば初めて出会った人との会話で好奇心が生まれ，新しい場所や機会を紹介・提示してもらうことで冒険心を持ち行動をします。立場や考え方と違う人と接することで楽観的に物事を捉えるようになり，人によっては他者とのつながりの中で継続的に行動します。そして多様な人と接する中で柔軟性が生まれます……というようにです。このように考えると，紐帯スキルは他の5つのスキルの潤滑油のような役割を持つ可能性がありますが，紐帯スキルをも含めたサイクルやスキルの形成過程についてはこれまで検証がなされていないため，今後実証的な研究や実践が望まれます。

c スキル形成に対する取り組みや支援

　スキルを獲得し，活用するために必要な要因としては何が挙げられるでしょうか。まずスキルを持っている人の個人差に着目します。個人には様々な気質や性格，発達差があり，そのような個人差に合わせた支援をする必要があります。そこでこれまでの研究より，気質レベルの個人差，アイデンティティ・ステータスとの関連をご紹介します。

（1）スキルに対する個人差の理解

（a）個人の気質によるスキルへの影響

　まず，個人の気質によって計画的偶発理論に基づく境遇活用スキルがどのような影響を受けるかを明らかにすることを目的とした杉本・浦上・矢崎・高綱（2023）[37] についてです。彼らは神経学的な基盤を持つとされる強化感受性理論（Gray, 1982; 1987）[38][39] に注目しました。

　この理論では個人の気質の違いは動機づけシステムにあるとし，行動制御システム（Behavioral Inhibition System：以降 BIS）と行動賦活システム（Behavioral Activation System：以降 BAS）の 2 つを位置付けています。BIS は新奇性や罰により活性化され，ネガティブ感情を生起させます。BAS は報酬・罰からの解放により活性化され，ポジティブ感情を生起させるシステムであり，2 つは独立の神経学的基盤が仮定されています。

　杉本ら（2023）がこの BIS ／ BAS を個人差要因と捉えて大学生を対象に調査を行った結果，CPFOST の 6 つ全てのスキルにおいて BIS が高いほどスキル得点が低いこと，BAS については継続スキル以外において BAS が高いとスキル得点も高いことが分かりました。また，BIS が低く，BAS が高い場合に紐帯スキルが高くなることも明らかになり，対人関係においては BAS が高くても，BIS も高いとストレス反応や孤独感を感じ，対人関係を回避することを表していました。

　これらの結果より，新奇性や罰などにより行動抑制やネガティブ感情が生起しやすい気質的傾向が高いと，スキルを形成しがたいことが分かりました。逆に，報酬や罰からの解放により行動の活性化やポジティブ感情を生起しやすい気質的傾向が高いと，スキルが形成しやすくなることが示されました。また特に，対人関係に関連する紐帯スキルの形成においては BIS の影響力の大きさに配慮する必要性があることを示唆しました。

（b）アイデンティティの発達段階がスキルに及ぼす影響

　次に，アイデンティティの発達段階[40] が計画的偶発理論に基づくスキ

ルにどのような影響を及ぼすかを検討した Ahn, Jung, Jang, Du, Lee, Rhee, Gysbers, & Lee（2015）[41] の研究を紹介します。彼らは，青年にとって進路に対する探索行動は自己と環境を相互に認識する機会を与えるため，重要なことであると指摘しました。そして，韓国の高校生を対象に PHCI とのアイデンティティ・ステータスとの関連を検討しました。

　アイデンティティ・ステータスは Marcia（1966）の 4 分類（拡散・早期完了・モラトリアム・達成）[42] を用いました。調査の結果，高い職業的アイデンティティ・ステータスと言われる達成およびモラトリアムが有意に関連しており，特にモラトリアムの関連を強く示すことが分かりました。また，達成や早期完了が持続性とより関連し，モラトリアムと柔軟性，好奇心とより関連していたことから，進路をしっかり決めている生徒ほど持続スキルを使う傾向があり，自由に探究している人ほど柔軟スキルや好奇心スキルを使う傾向を示しました。

　これらの結果より，Ahn et al.（2015）はアイデンティティ・ステータスを上げるためにはスキルの選択的な活用が有効であると指摘しました。特にモラトリアム状態の個人が達成状態に到達するためには，楽観性，持続性，リスクテイキングなどのスキルを積極的に活用し，柔軟性を減らす必要があると示唆しました。

（2）スキルを活用した支援や介入を行うための実践

　スキルを活用する支援や介入を行うためにどのような実践が考えられるでしょうか。例えば大学生においては授業内外の活動において計画的偶発理論に基づくスキルの活用を意識した取り組みができそうです。具体的な実践例や実践案として，渡部（2024）や吉川（2023a），脇本（2017）を取り上げます。

　まず渡部（2024）は大学の教養科目において，計画的偶発理論を参考にしたワークと質問紙調査を実施しました。ワークでは 5 つのスキル，すな

わち過去の好奇心，柔軟性，楽観性，冒険心のエピソードを書き出し，その
うち1つのエピソードを他のグループメンバーに語るという実践を行いま
した。質問紙調査ではワークを行う前後の行動意欲の変化や大学生活で挑戦
すること，今後継続したいことなどの記述を受講生に求めました。その結果，
行動意欲の得点がワーク前より後の方が上昇したため，過去のエピソードを
書き出し，人に話すことが行動意欲の喚起につながることを示しました。ただ
し，挑戦したいことや継続したいことの内容や意義の具体的な記述にはつなが
らず，支援者はこの部分の具体化を支援する必要があると指摘しました[43]。

　次に吉川（2023a）は，大学の低学年と就職活動の学年に分けた支援につ
いて述べています[34]。低学年生では，学生生活そのものが関心事となるた
め，個人の趣味を含めて幅広い分野で興味・関心を言語化し，行動を促して
偶然の出来事への遭遇を引き起こすこと，またそれを通じて将来の選択肢を
広げることが必要です。一方，就職活動を控えた時期の学生に支援を行う場
合は，インターンシップや就職活動そのものを通して偶然の出来事への遭遇
を作り出すことを想定しますが，時間的な制約があるため，卒業後の社会人
生活を含めた数年後を見越しての学習を意図して支援をする必要性を指摘し
ました。

　さらに脇本（2017）は，大学における PBL（Project ／ Problem Based
Learning）と計画的偶発理論の関連について論じています。PBL は問題解決
型，課題解決型学習と訳されます。大学の PBL では企業から委託されたプ
ロジェクトを大学内で行う学習が多く，就業体験を含むこともあります。こ
うした学習においては個人の努力だけでは解決できない事柄が多く，運や偶
然で成果が決まることも起こり得ます。不確定要素だらけの構造の中にいる
学生の状況に対して計画的偶発理論を援用し，PBL 型の学習に取り組む学生
の評価方法の一つとして5つのスキルの変化に着目してもよいのではない
かと提案しました。また PBL は「機会」と巡り合えることがすべてである
ため，スキルの向上は学生にとって今後の人生を支える頑強なパワーの獲得

につながることを示唆しました[44]。

　これらの実践例はインターンシップや就職活動のようなキャリアに関わる科目や学外での活動はもちろん，大学での日常的な学習やPBL型学習のような活動にも計画的偶発理論のスキルが援用できることを示唆しています。こうした学内外の活動において，事前の授業や面談においてスキルに関するトピックを取り上げ，活動が終了したらスキルの変化や遭遇した機会や出来事を振り返ることで，次の偶然の出来事につながるような学習を促進していく教育や実践が必要になるのではないでしょうか。

　これまで行ってきた議論はどちらかと言うと，急速な社会の変化に合わせて個人が適応的に自らの人生やキャリアを送るための要素が強いと思われます。しかし，計画的偶発理論のスキルは認識し，活用するだけでなく，新しい機会を創造することでさらに偶然の出来事を引き寄せたり，予測不可能なネガティブな出来事への適切な対応をしたりすることができると考えます。

　例えば2022年時点において起業家になることが良い選択であると考える日本人は23.75％，世界全体では67.36％と日本においては起業家精神が乏しく，アントレプレナーシップの発展に寄与する研究もこれまで行われてこなかったことがHosomi, Khalid, & Sekiguchi（2024）により指摘されています。その要因として若年層に対する起業家教育の不十分さと若年層の雇用における安定志向があるとHosomi et al.（2024）は述べました[45]。

　そこで彼らは計画的偶発理論の5つのスキルのうち特に「リスクテイキング」に注目をし，日本の大学生を対象とした調査を実施しました。具体的にはリスク傾向が探索行動の増加および終身雇用志向の低下を媒介し，起業意図を増加させるプロセスを検討しました。さらにリーダーシップ経験も含め，リスク傾向は起業に関連した探索行動とリーダーシップ経験の程度を媒介して起業意図に影響を及ぼすことを明らかにしました。

　この結果より，リスク傾向が直接的に起業意図につながるのではなく，探

索行動やリーダーシップ経験といった行動を通して，そこでの偶然の出会い
が間接的に起業家への意図を育めることを示唆しました。さらに実践的な取
り組みへの意義として，学生が新しい経験にオープンになり，起業の機会に
つながるような出来事からの学習を導くようなキャリア・カウンセリングや，
大学において学部を超えた課外活動を開発することで，予期せぬ出来事に触
れる機会を設定できる可能性を指摘しました。そしてリスクに対する考え方
を変えることも起業家精神を高める方法であることも言及しました [45]。

　起業家精神の育成についてはあくまでも 1 つの例ではありますが，日本人
にとっては馴染みの少ない，新しい領域に対しても計画的偶発理論のスキル
は活用され，創造できることが考えられます。

5. まとめ

　第 5 章では，計画的偶発理論について，まず偶然の出来事が私たちのキャ
リアに大きく影響していること，そしてキャリアカウンセラーやキャリアコ
ンサルタント等，キャリアを支援する人には，クライエントが偶然の出来事
を理解，創造，活用するためのスキルを開発するサポートが求められること
を確認しました。しかし，Mitchell et al.（1999）や Krumboltz（2009）で
はスキルについての具体的な言及が少ないことを指摘しました。そこで，ス
キルの測定として国外で多く用いられている PHCI，国内で多く用いられて
いる CPFOST などを取り上げ，それぞれの共通点や相違点を挙げ，これま
で行われてきた PHCI や CPFOST の尺度を用いた実証的研究を紹介しました。
最後に，スキルについて基本的な理解をしたうえで，具体的にどのように身
につければよいのかについて，これまでの研究や書籍を参考に議論をしまし
た。ただ，研究の蓄積はまだ少ないと言えます。これまで国内外含めて多く
の研究が高校生，大学生および大学から職場・社会への移行期を対象にして

きました。そのため，小学生から高校生のスキルの形成過程や，人生の節目におけるスキルの役割，組織におけるスキルの効果など，さらなるスキルの役割の解明やスキルを用いた具体的な支援方法の蓄積が必要です。今後，学校現場や職場などにおいて実践と研究の両方が蓄積され，ますます活発な議論が生まれることを願っています。

【引用文献】
1) Krumboltz, J. D.（2009）The happenstance learning theory. *Journal of Career Assessment*, *17*, 135-154.
2) Mitchell, K. E., Levin, A. S., & Krumboltz, J. D.（1999）Planned happenstance: Constructing unexpected career opportunities. *Journal of Counseling and Development*, *77*, 115-124.
3) Krumboltz, J. D., & Levin, A. S, 花田光世，大木紀子，宮地夕紀子（訳）（2005）　その幸運は偶然ではないんです！　ダイヤモンド社．[Krumboltz, J. D., & Levin, A. S.（2004）*Luck is no accident*. Impact Publishers.]
4) 所由紀（2005）偶キャリ。──「偶然」からキャリアをつくった10人　経済界
5) Betsworth, D. G., & Hansen, J. I. C.（1996）The categorization of serendipitous career development events. *Journal of Career Assessment*, *4*, 91-98.
6) Hirschi, A.（2010）The role of chance events in the school-to-work transition: The influence of demographic, personality and career development variables. *Journal of Vocational Behavior*, *77*, 39-49.
7) 高橋俊介（2006）キャリアショック──どうすればアナタは自分でキャリアを切り開けるのか？　ソフトバンククリエイティブ
8) Kim, B., Jang, S. H. , Jung, S. H. , Lee, B H. , Puig, A & Lee, S. M.（2014）A moderated mediation model of planned happenstance skills, career engagement, career decision self-efficacy, and career decision certainty. *The Career Development Quarterly*, *62*, 56-69.
9) Lee, J. H., Cho, S., Lee, S., Eum, W. J., Jang, H., Suh, S., & Lee, S. M.（2017）Initial validation of the planned happenstance career inventory–English version. *The Career Development Quarterly*, *65*, 366-378.
10) Sica, L. S., Ponticorvo, M., & Di Palma, T.（2022）The ability to manage unexpected events and the vocational identity in young people: The Italian validation of Planned Happenstance Career Inventory. *Frontiers in Psychology*, *13*, 899411.
11) Adli, A. H. T., Mahmud, M. I., Amat, S., Sahid, S., & Nasir, M. A. M.（2024）Validity and Reliability of the Malay Version of the Planned Happenstance Career Inventory for Malaysian University Students. *Qubahan Academic Journal*, *4*, 413-429.
12) 田島祐奈，岩瀧大樹，山﨑洋史（2017）大学生のキャリア形成過程における Planned Happenstance Skills と精神的健康度の関連　群馬大学教育学部紀要　人文・社会科学編，*66*, 231-240.
13) 岩瀧大樹，山﨑洋史，関根由美子（20 2）大学生のキャリア選択行動に関する研究1 ──Planned Happenstance Skills 尺度の作成と検討　日本教育心理学会第54回総会発表論文集，653.

14) 浦上昌則，高綱睦美，杉本英晴，矢崎裕美子（2017）Planned Happenstance 理論を背景とした境遇活用スキルの測定　南山大学紀要「アカデミア」人文・自然科学編，*14*，49-64.

15) Granovetter, M. S.（1973）The strength of weak ties. *The American Journal of Sociology*, *78*, 1360-1380.

16) 矢崎裕美子，高綱睦美，杉本英晴，浦上昌則（2023）社会人における境遇活用スキルとストレスへの対処行動および適応感との関連　キャリア教育研究，*42*，27-36.

17) 浦上昌則，矢崎裕美子，杉本英晴，高綱睦美（2023）大学新入生の適応感に対する計画された偶発性理論の適用——新しいキャリア理論の教育場面への導入に向けて　南山大学紀要「アカデミア」人文・自然科学編，*25*，41-61.

18) 山﨑洋史，岩瀧大樹，関根由美子（2012）大学生のキャリア選択行動に関する研究 2 ——Planned Happenstance Skills と援助要請スキルの関連　日本教育心理学会第 54 回総会発表論文集，654.

19) 高木邦子（2015）「実践演習」の効果の検討に向けて——履修学生のキャリア構築スキルの特徴　静岡文化芸術大学研究紀要，*16*，93-100.

20) 浦上昌則，解良優基，藤田知加子（2024）「数学は難しい」という信念は統計の学習行動を抑制するか——数学の有用性に対する認識と境遇活用スキルを交えた検討　南山大学教職センター紀要，*11*，56-70.

21) 解良優基，浦上昌則，藤田知加子（2024）反転授業における予習の仕方と授業中の学習行動との縦断的関連　南山大学教職センター紀要，*11*，41-55.

22) 高木邦子，永井敦子，佐々木哲也（2024）国際文化学科学生の「出口の姿」と在学中の学びの関係　静岡文化芸術大学研究紀要，*24*，49-60.

23) 赤城知里，井上忠典，西村昭徳（2024）職業選択志向性と入社後の職務満足感との関連における境遇活用スキルの調整効果の検討，キャリア・カウンセリング研究，*25*，78-89.

24) 楠見孝，西川一二（2019a）計画的偶発性が実践知と叡智の獲得に及ぼす効果——会社員，看護師，教員を対象とした発達的変化の検討　日本発達心理学会第 30 回大会プログラム，PS4-2.

25) 楠見孝，西川一二（2019b）キャリア発達における計画的偶発性——会社員，教員，看護師の比較調査　産業・組織心理学会第 35 回大会発表論文集，99-102.

26) Williams, E. N., Soeprapto, E., Like, K., Touradji, P., Hess, S., & Hill, C. E.（1998）Perceptions for serendipity: Career paths of prominent academic women in counseling psychology. *Journal of counseling psychology*, *45*, 379-389.

27) Bright, J. E. H., Pryor, R. G. I., Chan, E. W. M., & Rijanto, J.（2009）Chance events in career development: Influence, control and multiplicity. *Journal of Vocational Behavior*, *75*, 14-25.

28) 下村英雄，菰田孝行（2007）キャリア心理学における偶発理論——運が人生に与える影響をどのように考えるか　心理学評論，*50*，384- 401.

29) Valickas, A., Raiöiené, A.G., & Rapuano, V.（2019）Planned Happenstance Skills as Personal Resources for Students' Psychological Wellbeing and Academic Adjustment. *Sustainabihty*, *11*, 3401.

30) Kim, S. R., Kim, B., Yang, N., Yaung, H., & Lee, S. M.（2017）Longitudinal changes of planned happenstance skills by gender, community types, and employment status in a sample of college students in school-to-work transition. *Journal of Employment Counseling*, *54*, 183-191.

31) Yang, N. Y., Yaung, H., Noh, H., Jang, S. H. & Lee, B.（2017）The change of planned happenstance skills and its association with career-related variables during school to-work transition. *International Journal for Educational and Vocational Guidance*, *17*, 19-38.

32）Kim, B., Lee, B. H., Ha, G., Lee, H. K., & Lee, S. M.（2015）Examining longitudinal relationships between dysfunctional career thoughts and career decision-making self-efficacy in school-to-work transition. *Journal of Career Development*, *42*, 511-523.

33）Lee, J. H., Cho, S., Lee, S., & Lee, S. M.（2019）The planned happenstance career inventory: A cross-cultural comparison. *The Career Development Quarterly*, *67*, 298-312.

34）吉川雅也（2023a）ハプンスタンス学習の発生プロセス検討とサイクルモデル構築の試み――好奇心の明確化からはじめるキャリアデザインの方法　関西外国語大学研究論集, *117*, 269-287.

35）吉川雅也（2023b）ハプンスタンス学習理論実践のための理論的枠組みと現代的意義　キャリア教育研究, *42*, 3-13.

36）海老原嗣生（2017）クランボルツに学ぶ夢のあきらめ方　星海社

37）杉本英晴, 浦上昌則, 矢崎裕美子, 高綱睦美（2023）Happenstance Learning Theory に基づく 境遇活用スキルの気質的基盤――Gray の行動抑制／行動賦活システムからの検討　キャリア教育研究, *42*, 15-26.

38）Gray, J. A.（1982）*Neuropsychological theory of anxiety*. New York: Oxford University Press.

39）Gray, J. A.（1987）*The psychology of fear and stress*. New York: Cambridge University Press.

40）Erikson, E. H.（1963）*Childhood and society* (2nd ed.). New York, NY: Norton.

41）Ahn, S., Jung, S. H., Jang, S. H., Du, X., Lee, B. H., Rhee, E. & Lee, S. M.（2015）Planned happenstance skills and occupational identity status in high school students. *The Career Development Quarterly*, *63*, 31-43.

42）Marcia, J. E.（1966）Development and validation of ego-identity status. *Journal of Personality and Social Psychology*, *3*, 551–558.

43）渡部昌平（2024）行動と変化を促すキャリアカウンセリングの実践に向けた探索的研究　日本キャリア・カウンセリング学会　TODAY, *6*, 1-6.

44）脇本忍（2017）PBL 型学習の事例検討と評価――Planned Happenstance Theory 導入の提案――聖泉論叢, *25*, 31-45.

45）Hosomi, M., Khalid, S., & Sekiguchi, T.（2024）Planned Happenstance and Entrepreneurship Development: The Case of Japanese Undergraduate Students. *Administrative Sciences*, *14*, 27.

【参考文献】

中島義明, 子安 増生, 繁桝 算男, 箱田 裕司, 安藤 清志, 坂野 雄二, 立花 政夫（編）（1999）心理学辞典　有斐閣

第 6 章

理論・アプローチの
"行動化"への応用

藤田　廣志

1. フェイル・ファスト・アプローチの
応用

"Fail Fast, Fail Often"（2013）で，クランボルツとバビノーは偶然を生かすためのスキルを身につけるには，"とにかく早く，たくさん失敗すること"，フェイル・ファスト・アプローチを提唱しています。第3章第3節で述べてきた計画的偶然性（Planned Happenstance）の5つのスキル（好奇心・冒険心・持続力・楽観性・柔軟性）を中心に，その応用について考えてみましょう。

a 好奇心と冒険心

（1）好奇心を明確にする質問

今起きている行動を起点としたり，好奇心に基づく行動から支援に入ったりする支援の進め方は，偶発性学習理論に馴染みやすい手法です。

しかし実際には，目標がない，計画を立てることが苦手，内省が苦手，成長や目標といったキャリア発達・啓発的な言葉が苦手，というクライエントにも出会います。このような時には"好奇心，興味・関心はどのようなものか"と問いかけるのは困難が伴います。

好奇心を刺激するためには，さまざまな角度からの問いかけが必要になります。"やりたいことを20項目"書きだす「20 things」のワークは，個別コンサルティングにおいて好奇心を問いかける良いきっかけになります。さらにグループワークでは，参加者相互の刺激により「20 things」が，より大きな効果を発揮するケースが見られます。

また，20項目を，時間・人間関係・資金などさまざまな角度から，点検することがで，スタートスキルへも良い影響を与えます。この点検のワークを同時に組み込んでおくのも一つの方法です。

200 第6章 理論・アプローチの"行動化"への応用

また，クライエントへの問いかけには，過去・現在・将来，仕事（有償・無償のワーク），ライフ（生き方）まで広げて質問することを心がけます。

　　次の表，吉川（2023）は問いかけの広げ方についての多くの示唆を与えてくれます[1]。

表 6-1　好奇心への問いかけ

質問	時間軸	対象範囲
好きな学び	過去・現在	ワークキャリア
好きな遊び	過去・現在	ライフキャリア
興味のある業界・仕事・職種・資格	現在・将来	ワークキャリア
一生のうちに，やってみたいこと	現在・将来	ライフキャリア

（吉川 2023）好奇心を明確にする 4 つの質問より　筆者アレンジ

（2）好奇心を刺激し豊かにする

　好奇心に関するワークとして，クランボルツらは，以下のようなワークを提示しました。

　「大叔父の遺産 100 億円を受け取るために，大叔父の発明した計測器（わくわくメーター）を身につけ，『1 年の間，毎日，楽しさ・熱意・活力・好奇心・感謝に満ちた人生を送ること，少なくとも，数時間の素晴らしい喜びを味わう時間を見つけること』を条件として遺言に示されたとしたときに，初日にはどのような行動をとりますか？」[2]。

　このワークはさまざまに応用することができます。

　なかなか最初の行動が出てこないクライエントには，前述した「今，これからやりたいこと 20 things」をここで活用することもできます。20 のやり

1. フェイル・ファスト・アプローチの応用　201

たいことの中から，より好奇心をそそるものをランキングし，上位5つの項目についての具体的行動を考え，そのうち一つは必ず実行するというワークもいいでしょう。

　定年退職者には1ヶ月間，毎日，新しい散歩コースを開発し，これまでに撮ったことのない新しい写真を撮る，というワークもあります。失業して引きこもりがちなクライエントには，毎日異なるコンビニへ行くことをワークとして効果を上げたこともあります。さらに，学内で毎日1人はこれまで話したことのない人と話してみることを，自ら設定したクライエントもいました。好奇心を豊かにする応用形を考えてみましょう。

（3）ブ・ジャ・デ，熱心な観察

　既視感のあること，初めて見ているにもかかわらず以前に経験しているような感覚を"デ・ジャ・ブ"というのに対して，既に何度も遭遇しているにもかかわらず，初めて見るように新鮮に感じることを"ブ・ジャ・デ"と言います。

　未来の偶然を引き寄せることは，好奇心から，熱心な観察者になることでもあります。偶然・機会は既に何度も訪れているにもかかわらず，多くの場合は最初に気づいていません。"ブ・ジャ・デ"とは，いつも見慣れたものや場所，当たり前なことなどが，ある時に突然，新たな観点で見えること，初めてのように新鮮に思える感覚です。熱心に観察するだけで多くのことを見つける・観ることができる可能性があります。

　インドの自動車メーカー，タタ・モーターズの創業者であるラタン・タタは，いつも街中で，父親の運転するバイクの前には子ども，後ろには母親に抱かれた子どもともう一人の子ども，家族5人が1台のオートバイに乗って，（雨の日も）仕事場へ家族で移動している光景を見ていました。交通事故も頻発していました。ある日，この光景を観ている時に突然，"家族が安全に目的

地に着く方法はないのか，4輪で屋根のあるもっと安全で安価な車はないのか"と思いつき，開発を始めたのがタタ自動車だと語っています。乗り心地の良いクルマということより，まずは安全に家族が乗れ，多くの人が手に届く価格の移動手段の開発です[3]。

　伊勢・松阪は参宮街道と和歌山街道の結節点です。国学者・本居宣長は街道に面した木綿仲買商の次男でした。毎日，多くの旅人が店の前の街道を通ります。ある日この見慣れた光景を見ていて突然，店の前を往来する各地から来た旅人は，それぞれ言葉使い（方言）も違い，食べ物・着物の習慣も異なっているが，皆が日本の人と言っている。"いったい日本って何だろう？"この疑問が"大日本天下四海図"の制作や"国学"へ関心を持つきっかけになり，後日には，師となる賀茂真淵との偶然の出会いに結びついていきます。

　ある大手のソフトウェアメーカーの創業者は，新開発のソフトを販売するために大手企業を中心に展開した営業活動で行き詰まっていました。ある日，毎日通勤で通っている国道の光景を見て突然，国道に面している企業・工場のほとんどが中堅・中小企業だ！　ということに気づき，ターゲットを中小企業に切り替えたところ，活路が開いたとのことです。「それまでは大企業しか目に見えていなかった。人は見ようとするものしか見ていないことが分かった」と述べています。ドライブスルーサービスやネット配信などニュービジネスイノベーションも同様に，いつも見ている光景を見直すことから生まれています。

　クライエントに対して，このスキャンを1日に2〜3回，練習することをホームワークにすることもできます。例えば，学生に対しては，毎日の通学路や学内キャンパスを対象として実施してみることも可能です。
　中高年を対象に，いつもの散歩道を対象にこのワークを実施したときに，

1. フェイル・ファスト・アプローチの応用　203

図 6-1「30 秒のスナップショット」　観察力向上のセルフワーク

　いつも見ている（よく目にする）場面を，スナップショットを撮るかのように，五感「観る・聴く・触る・嗅ぐ・味わう」を駆使してスキャンし，記録する。スキャンは 30 秒間以上．上・下，左・右，遠・近を意識してスキャンする。

私の 30 秒スナップショット

　年　　月　　日　時間：　　　　場所：

文章記述に限らず，実際の写真・動画も可

　　今の気持ち，気づいたこと

"Fail Fast, Fail Often" を参考に　林きよみ考案・筆者加筆

ある参加者は，散歩道の途中にあるビオトープの小高い丘に立ち止まり，そこから 30 秒スキャンしてみると，整然と区画整理された水田・農地の中に，途切れ途切れに不規則な斜めの道が残っていることに初めて気づきました。その途切れ途切れの道をつないでみると旧街道につながっており，その先には古い商店街や寺町・宿場町があることを思い出しました。その後，この方は地元の NPO まちおこしの団体に加わり，プロボノ活動を開始しました。
　この応用として，毎日同じ散歩コースを歩く時に，毎日異なる現象を見つけ，スナップショットを撮るというワークもあります。

ワークとして，"普通の 1 日"を記入した時に，1 日を見直し，そのうちのどこかのタイミングを選んで，30 秒立ち止まって観察し，その時に気づいたことをグループでシェアするという方法もあります。

　これらのワークは，心を開いて自分の世界にもっと注意を払う力や，瞬間的な体験に対する感受性が高まり，好奇心・興味をそそられるものを発見する感度を高めます。

（4）スプリングボード発見インタビュー
　　　冒険心，スタートスキルを促進するワーク

　　　スプリングボードとは，物事を単純化して前進させることができるステップであり，冒険心，リスクテイク，スタートスキル向上のためのアクションです。

　　　人は，自分の願望に対しては，簡単に弱気になるが，他人に対する約束は責任を持つ傾向にあることを活用しています[4]。

スプリングボード発見インタビュー
① ペア・インタビュー　行動へのスプリングボードを発見しよう
インタビューのかかわり方
＊話し手の行動化への踏み板になりそうな一歩を協働して考える姿
　勢で，インタビューしてください（協働）
＊話し手の考えや意見・発想を尊重し，認める姿勢で関わってください（受容）
＊話し手に中にある手がかりを引き出していこうという姿勢でかかわってください（喚起）
＊話し手の利益を最優先に考え，話を聴き，かかわってください（思いやり）

---

1. フェイル・ファスト・アプローチの応用　205

② インタビュー方法

＊制限時間は5分です。

＊話し手は，リラックスしてインタビュアーの質問に答えてください。

＊インタビュアーは，かかわり方を意識しながら，インタビューシートに沿って質問してください。できるだけオープンクエスチョンで問いかけることを意識してみましょう。

〈インタビューシート〉

① やりたいけれど準備や計画で行き詰まってまだ進められていないことは？

② ①を達成するためにはじめにできるアクションはなんでしょう？

③ ②を実行するために，次の5分でできることはなんでしょうか？

"Fail Fast, Fail Often" を参考に　星野宏 考案・筆者加筆

このワークは，極めて短いものにもかかわらず，即実行可能な行動を求めており，即効性のあるもので，フォローもすぐにできます。「次の5分でできることは？」という問いかけは，さまざまな場面で応用できます。

b 持続力と楽観性

(1) 目標設定から行動へ　持続力・見える化の簡単ステップ

　人生に偶然を招くには，興味ある新しい活動を追求することです。

　好奇心から目標設定へ，実現への簡単ステップを"見える化"するための作業[5]。

　マカロンマップの作成（目標・ステップを記入する円を，マカロンと呼称）

① やりたいこと，実現したいことをリストにして見える化をしてみましょう。
　すぐ始めるための簡単なステップを見つけましょう。
　やりたいこと，なりたい自分などを，仕事・学び・趣味・なりたい自分を4象限のジャンルに分けて，マカロン（円）内に記入しましょう。記入の際に願望度・難易度を考慮する。縦軸・横軸共に「今の私」から距離があるほど，難易度・願望度は高まります。

② ①で書き出したこと（目標）をマカロンマップ（図6-2）に記入しましょう。

〈参考〉「時間管理マトリックス」との違い
　コーヴィーの「時間管理のマトリックス」では，緊急度と重要度による4象限のマトリックスを活用しており，将来展望について，重要であるが緊急ではない・第2領域に関する効果的な自己管理の

---

1. フェイル・ファスト・アプローチの応用　207

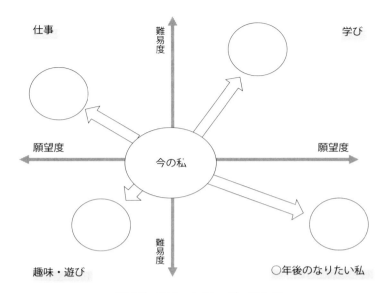

図6-2　マカロンマップ　記入例

目標に重点を置いており，時として，効率重視と時間管理強化からタイパ疲れ・ストレスも生んでいます。

　これに対して上図では，まず好奇心をスタートして，マトリックスを願望度と難易度から作成しており，よりやりたいこと・なりたいことの記入がしやすくなっています。目標と現状のギャップ（距離感）を願望度・難易度により表示することにより，（特に難易度の）距離が長いほどステップは途中のプロセスも多く記入でき，スモールステップ化に対応できます。

③ 各々について，すぐ始めるためのスモールステップを記入しましょう。スモールステップの設定内容は行動化に大きな影響を与えます。

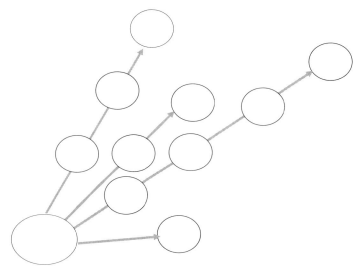

図 6-3　マカロンマップ
"Fail Fast, Fail Often" を参考に　市村京子考案・筆者加筆

　持続力向上は，プロセス系のモチベーション理論の誘引・達成確率などの要素との関連も大きく，社会的学習理論の自己効力感（バンデューラ）の4要素，成功体験・モデリング・社会的説論・情動喚起も活用できます。さらには，マインドフルネスなども選択肢に加えて使い分けていくことも良いでしょう。

(2) 楽観性，ポジティブアプローチ
　セリグマンらが提唱するポジティブ心理学は，人の強み・ポジティブな機能に焦点を当て，疾病の治療ではなく人生をより充実させ，良い状態への自律的な成長を促すモデルに取り組んでいます。常にポジティブであることを強要するわけではなく，ポジティブもネガティブも含めて受け入れ，変化の

激しい時代に，より自分らしく生きることを探求しています。

　ポジティブアプローチでは問題の原因追求ではなく自分・組織の強み・価値に焦点を当てることから始めます。そして強みを拡大し，相互に組み合わせて，ありたい状態とはどのようなものなのか描き共有します。そして「ありたい姿」を現実的で達成可能なものとして設定し，計画取組へと進みます。

　　ワークに際しては，ポジティブもネガティブも受け入れ，**ポジティブ：ネガティブが3：1の原則**を意識してみるといいでしょう。3つの良いこと＋1つの良くないことの書きだしが，クライエントの習慣になることを支援しましょう。

表 6-2　今日の　良いこと 3 つ　良くないこと 1 つ

良いこと　うまくいったこと　都合の良いこと 自分らしいなぁと思うこと　なりたい姿に近いこと			良くないこと 不都合なこと

　楽観性の維持には，認知的アプローチのリフレーミング，論理療法のイラショナルビリーフへの論駁も効果があることは，よく知られているとおりです。

c　柔軟性と現実対処

　システマティックアプローチにおける支援プロセスにおいて，支援難航のボトルネックが方策実行・マーケティングの段階に入ってからあるケースは，

210　第6章　理論・アプローチの"行動化"への応用

クライエントの柔軟性や現実対処力が問われることが多くなります。

　例えば，一度立てた目標にこだわるあまりに，現実の労働市場とのすり合わせができず行き詰まるケースです。この場合には夢・目標・希望そのものを問い直すことを含めた支援が必要になります。現実を踏まえて，目標とのすり合わせ"折り合いをつける"ことは，キャリア形成において大切な要素です。

（1）夢は，また生まれる

　子どものころからの夢がそのまま継続し実現することは，極めて限られたスポーツ・芸能などに見られる例外中の例外です。やりたい仕事，就きたい仕事はライフステージによって変化することが通常です。

　子どものキャリア発達を実証的に研究したゴットフレッドソンは，幼稚園児は大人がやることをやりたがり，小学生は見た目がわかりやすい仕事に関心を持つとしています。そして中学生になって夢は砕け，職業意識は劇的に低下するが，開き直って現実的になることを指摘しています。

　中高年においては，ミドルクライシスや人生の正午の転機，さらに人生100年時代のマルチステージまで変化を余儀なくされています。

　夢の再生のワークは，夢と諦め（いかにうまく挫折するか），夢・やりたいことはどのように変遷するか，夢と対人関係・組織・企業で働くことやその環境の変化はどのようなものか，そして夢は生まれるというワークです。

　ほとんどの人の夢や希望・好みは，小学生低学年の頃と高学年の頃，中学生の頃，高校生の頃，大学生の頃，社会人になって20代の頃，30代の頃と順次変遷していきます。

　小学生の頃にはスポーツ選手・アニメキャラクター・芸能人・花屋さん・ケーキ屋さん，中学生の頃はゲームクリエイター・消防・警察，動画投稿者・医師，高校生の頃には，公務員・ITエンジニア・看護師・教師・イラストレーター，大学生の頃には，公務員・金融保険・メディア広告・ゲーム音楽・エ

ンターテイメント・レジャー旅行関係・医療・化粧品・生活用品・サービス業，食品関連などへの変化はよく見られる現象です。

　　自身の夢・希望・目標の変化を，好み・得手・趣味・熱中したことも含めて振り返ってみましょう。夢・希望・目標と対人・対組織との関係をチェックしてみよう。

表6-3　ライフステージと夢・目標・人・組織・企業　記入例

ステージ	小学校	中学校	高校	大　学 (大学院)	社会人 20歳代	社会人 歳代
好み (人・もの)，得手・趣味・熱中した	ハムスター，うさぎ，SMAP，プラモデル，オムライス	サッカー，嵐，V6，ガスト，朗読，理科実験	ギター，AKB，ゲーム，世界史，クレープ作り	ハーブティー，インスタ，旅行，料理，演劇サークル		
夢・希望・目標，やりたい，なりたい，就きたい	運転手，昆虫博士，保育士，漫画家，芸能人	アナウンサー，イラストレーター，通訳，動画投稿者，ない	ITエンジニア，公務員，投資家，アナウンサー，ない	金融保険，メディア・広告，医療福祉関係，教員，生活サービス		
＊一人でできる	一人遊び好き			一人旅		
＊相手が必要	昆虫博士と結婚したかった	友達が必要				
＊仲間・グループが必要		指導者が必要	同士が必要，人前で話す			
＊組織・企業が必要		生徒会活動		インターンシップ		

（記入例には男女複数の事例が混在しています）

212　第6章　理論・アプローチの"行動化"への応用

好きなこと，向いていること，夢，なりたいことは変化します。そしてこれからも変化し続けます。その理由・きっかけは？
　夢・やりたいこと・なりたいことと人間関係・組織・企業との関係は？
（さらに，資金・時間・学習・情報などの項目を加えることもできます）

　表6-3は，対象者により，学生向け・社会人若年層向け・中高年向けなどヘアレンジが必要です。

　また，夢・希望を記入する前に，好み・嗜好・熱中したことを先に記入したほうが，導入しやすく，振り返りを容易にします。なお，海老原（2017）は，夢・嗜好・願望に関する変化を「夢の棚卸シート」として作成しています。

　このワークは，クライエントの目標に対する柔軟性向上に効果を発揮します。また同時に，自己を取り巻く環境との関連をチェックしてみることにより，対人関係の変化や共同作業・現実対処への理解が深まります。

（2）職業人インタビュー（NDAPP）

　フランスの国立労働・職業研究所（INETOP）の名誉教授であるギシャールは，職業に関する自己構築のプロセス研究・生涯にわたる自己構築から開発した，職業活動・個人計画発見法（DAPP，新版はNDAPP）において，職業人が現在の仕事に就くまでにどのように希望・目標・仕事が変化してきたかを41人の職業人へのインタビューにより解明しています。

　例えば，看護師で医療サービス営業職のAへの生い立ちに関するインタビューの概要は次の通りです。

　Aは若年時に機械に魅力を感じていたのでメカニック関連の資格をとり，設計事務所で技術図面を描いていた。
　ある時，現場で労働環境に問題があり，怪我・労働災害の問題に出

会った。このきっかけで，健康分野での人助けをしたいと思い，ケアアシスタントの仕事を目指した。もともと旅行好きであったので外国へ渡り，保健医療分野の物流管理部門の専門家として働いていた。

そして帰国後は看護師の資格をとった。現在は，在宅ケアシステムを医療機関へ販売する営業職のマネージャーとして働いている。

NDAPP ではこれらのインタビュー内容をステップごとにカード化して，職業選択時のワークプログラムを作成し，実際の職業人の意識・価値観・技能の多様な変遷についてのワーク参加者の理解を促しています[6]。

（3）関係者からの期待との折り合いをつける

個人の夢・目標・価値観・生き方と，個人を取り巻く関係者・関係組織からの期待・要請が，相容れない状態がしばしば起きます。さらに，個人の変化や関係者関係組織の変化も度々起き，その調整・擦り合わせが必要になります。個人と環境（関係者・組織）の折り合いをつけることはキャリアマネジメントにとって重要な課題です。

行動化の支援は，この現実対処，変化への対処の際に起きる，さまざまな葛藤にどのように対処し，折り合いをつけるかということでもあります。

シャインは個人のキャリア・マネジメントとして，主要な関係者からのクライエントへの期待と，クライエント自身からの自分への期待との折り合いをつけることを，ロールマップ（役割マップ）を作成して整理することを勧めています。

次に折り合いをつけるポイントを，曖昧・過重・葛藤への対処の3つにまとめ，役割の問題点と行動手順を特定することを支援しています。

私は、上記の曖昧・過重・葛藤への対処策として，次のようなことを実施しています。

役割曖昧性：周囲から期待されている役割が明確に分からないとき。
　　　　　関係者との対話によりできる限り明確にする。それで
　　　　　も　明確にならない場合は，曖昧性を受容し，行動を優
　　　　　先する。具体的な行動が明確化を促す。

役 割 過 重：周囲からの期待をあわせると実際に行えることを越えて
　　　　　しまう。
　　　　　期待に対してできる限り優先順位をつける。優先順位を
　　　　　関係者に伝える。
　　　　　関係者とのコミュニケーションをとり調整する。

役 割 葛 藤：周囲の関係者からの期待と自分自身の期待が衝突する。
　　　　　期待に部分的に答えを妥協できないか。関係者と交渉す
　　　　　ることはできないか。役割を軽減する方法はないか。関
　　　　　係者間で相反する期待があるときは，双方同席で話し合
　　　　　うことは可能かなど。

表 6-4　関係者からの期待と対処策

期待されていること	
役割曖昧性	対処策
役割過重	対処策
役割葛藤	対処策

1. フェイル・ファスト・アプローチの応用　215

関係者とのコミュニケーションには PREP 法や DESC 法・LADDER 法などのアサーションスキルや，組織開発分野のフィードバックスキルの活用も有効です。また，柔軟性の確保のためには，現地現物に立ち返り現実をよく観察すること，見直すことが大切です。さらに選択肢の多様化支援は，柔軟なキャリア展開支援に大きな力を発揮します。

好奇心・リスクテイク（冒険心）・粘り強さ（持続力）・楽観性・柔軟性の各項目のチェックリスト・質問は，安達・下村『キャリア・コンストラクションワークブック——不確かな時代を生き抜くためのキャリア心理学』第 14 章のワークや，本書第 3 章・第 3 節で紹介した CPFOST の質問項目などが参考になります。

2. 意思決定理論・モチベーション理論の応用

行動的アプローチ・学習理論以外にも，クライエントの行動化支援に役立つキャリア理論・キャリアガイダンス論は多数あります。そのうち，特に意思決定理論，モチベーション理論，社会正義のキャリアガイダンス論については，さまざまに応用されているのではないでしょうか。

a 意思決定理論と行動化

多くの意思決定理論がクライエントの行動化を求めているように，意思決定と行動化は密接な関係にあります。意思決定のプロセスで，行動に行き詰まるクライエントに対して，意思決定理論を応用することも大切なポイントです。

日本のキャリアコンサルタントによく知られているジェラットの意思決定

理論では，当初（前期）は意思決定のプロセスを予測システム・価値システム・基準システムの連続的意思決定システムであるとして，探索的決定の後に調査を繰り返して，最終的決定にいたる"実行ガイダンス"を唱えていました。

　その後（後期）には，変化の激しい時代には合理的なストラテジーはもはや存在しないとして合理的戦略を否定し，曖昧性をポジティブに捉える"積極的不確実性"が必要であり，未来を創造することを唱えるようになりました。最終的な意思決定はありえず，いつも探索的決定で，自分の決定も疑ってかかること，試行錯誤を何度も繰り返すことがライフテーマに向かうプロセスであるとしています。ジェラットの前期の理論・後期の理論の双方を行動化の観点から観ると，前期においては，探索的決定の後の調査実行ガイダンスを重視し，後期においては試行錯誤の繰り返しが必要であるとしており，どちらにも行動化が重要な要素として入っています。

　心理学研究，特に不確実な状況における人間の判断と意思決定に関する研究を経済学に統合し，行動科学の基礎を固めたとしてノーベル経済学賞を受賞したカーネマンは，トヴェルスキーとの共同論文で，人間は限られた認知・推論に基づいて意思決定を行おうとする"限定合理的"な存在であることを指摘しています。そして，人間の限定合理性に基づき，便宜的な簡便法，限定された時間で限定された効力を使用する，ヒューリスティックな意思決定手続きがあると述べています。

　トヴェルスキーに師事したガチは，未来が不透明・不確実なのは現代に限ったことではなく昔からそうだったのであり，不透明・不確実・曖昧で将来を見通せない状況でこそ，しっかりと意思決定をしようと"限定合理的意思決定"を提唱しています。例えば，限定されていても入手しうる情報を活かし，候補となる全ての選択肢をウェイト付けし数量化して比較する手法と，前述のヒューリスティックな便宜的手法とを組み合わせる，あるいは統合することを述べています。

　これは現場のキャリアガイダンスにおいても実用的で，仕事内容・企業内

容・個人的条件などを選択肢毎にウェイト付けし，評価点数を合計する "（採用）条件検討表" と，選択肢の同様の項目を○△×でチェックする簡便法 "（採用）条件評価表" の双方を活用して，意思決定支援をすることは，クライエントの納得性を高めます[7]。また，クライエントによっては両者を使い分けることも可能になり，柔軟な支援を可能にします。

　各項目の重要度を5段階でスケーリングしましょう。
（ウェイト付・数量化）

表6-5　採用条件のスケーリングと簡便法

スケーリング点：X　各社採点：Y　合計得点：Z（Z＝X×Y）

	項　目	スケール	A 社		B 社		C 社	
仕事内容	業 務 内容	X 5	Y 4	Z 20	Y 5	Z 25	Y 5	Z 25
	能力スキル	X 3	Y 5	Z 15	Y 3	Z 9	Y 2	Z 6

各社の各項目はどの程度満たしているか　◎○△×で記入（簡便法）

	項　目	A 社	B 社	C 社
仕事内容	仕事・業務の内容は	○	◎	◎
	現在の能力スキルを活かせるか	◎	△	△
	将来の能力開発の可能性は	△	○	○

　ティードマンとオハラは，キャリア開発プロセスを予期段階と実行段階に分けて捉えています。予期段階では，探索・結晶化・選択・明確化というプロセスで必要な行動を明確化します。次に実行段階で導入・変革・統合とい

うプロセスの繰り返しにより，自己概念の発達・アイデンティティの確立が進むとして実行段階での行動を求めています。

ヒルトンは，職業についての意思決定過程において“認知的不協和”の強さによっては，認知の修正・追加に留まらず，職業の調査や環境へ働きかけなどの行動も求めています。

キャリア開発は学習プロセスの結果であるとするクランボルツは，そのキャリア選択決定モデルにおいて予測や代替案の作成はするものの，未決定・オープンマインドの状態にしておくことが好ましく，行動を開始することにより偶発的出来事の活用などの選択・学習行動が起き，キャリアを形成していくとしています。

ティードマン，オハラ，ヒルトン，クランボルツともに意思決定には行動が重要な役割を占めていることを繰り返し述べています。

b モチベーション理論と行動化

モチベーションとは，動機づけ，意欲，やる気，やりがい，働きがいなどさまざまに表現されますが，“一定の方向に向かって行動し，それを維持する動き”であり，行動化そのものです。キャリア支援とは「クライエントを動機づけ，モチベーションの維持向上により自立できるように支援すること」と言い換えることもできます。

モチベーション理論には，マズローの欲求階層説をはじめとする，ERG 理論，X-Y 理論，動機づけ・衛生理論，成熟未成熟理論，モチベーション 3.0 などのコンテンツ系。ブルームの期待理論をはじめとする，期待価値理論，公正理論，達成動機理論，職務特性理論，状況適合理論，強化学習論，自己効力感などのプロセス系。さらには，アトキンソンの達成目標理論の他，自己決定理論，内発・外発動機づけ理論，動機づけ面接，プロアクティブ行動などの折衷統合系といった多種多様な理論があり，現場ではこれらをクライエントの状況によって使い分けることが必要になります。

2. 意思決定理論・モチベーション理論の応用　219

本章では第3章第2節で述べたキャリア支援プロセスにおける目標設定と行動化に再度着目して述べてみたいと思います。

　ロシャは，今すぐ行動し，先延ばしにしないモチベーション，行動に移すためのモチベーションを見つける方法として，まずは"何かを避けたいのではなく，何を達成したいか"に焦点を当て，どのように目標を設定するかが大切であるとしています。良い目標の条件として知られているドランのSMART（Specific：具体的，Measurable：測定可能，Achievable：達成可能，Realistic：現実的，Time-Bound：時間の明確さ）に対して，「願望を定式化しても，その願望がやる気を起こさせるものではない」とし指摘し，SMARTはどうすればもっと魅力的になり行動に繋がるかについて述べています。

　モチベーションの根本問題として，重要性強化（Interest）・挑戦的設定（Enthusiasm）・興奮感情喚起（Stimulating）の3つをあげています。そしてSMARTに加えて，SMART+IESという手法を提唱しています[8]。私はこれをSmartiesとして記憶しました。

SMARTの欠点を補う，不可欠な3つの要素（IES）
① Interest　　　　興味深い　重要度・優先順位を高める
② Enthusiasm　　熱狂的　関連ポジティブ感情増幅・刺激　挑戦を設定
③ Stimulating　　刺激的　楽しい状態・サポート　信念をチャレンジに

　目標へのコミットメントをより高めるために，「興味深い」「熱中できる」「刺激的である」3つの側面から見直し，目標を自分自身の個人的特徴に合わせて，カスタマイズすることにより，行動化の可能性は高まります。

　例えば，モチベーションの寓話として，石切り場の3人の石工職人の話が使用されることがあります。1人目の「石を切り出している

のだ」と言った職人，2人目の「壁を作っているのだ」と言った職人，3人目の「聖堂を創っているのだ」と言った職人，この3人のうち，3人目の職人のモチベーションが高く品質が優れているとは限らず，3人とも"石を切る"という仕事を続けていることに注目することが大切だとしています。1人目の職人が生計のために早く正確に石を切り出すことに集中していれば，それはその人の文脈にカスタマイズされ，モチベーションになるわけです。

表6-6　SMART+IES

SMART と SMART + IES の比較	SMART	SMART+IES
目標が明確 目標が重要 目標が優先的	○ × ×	○ ○ ○
自分の能力に合っている 自分の文脈に合っている	○ ○	◎ ◎
エネルギッシュな感情を引き起こす	×	◎

c 動機づけ面接と行動化

　また，動機づけと行動化に関する手法として，動機づけ面接（MI：Motivational interviewing）の手法があります。もともとはアルコール依存症の研究から始まった医療者向けの手法ですが，現在は，福祉・教育など幅広い分野で活用されており，キャリアコンサルティングにおいても行動化に有効な手法です。

　動機づけ面接は，来談者中心的な要素を持っていますが，クライエントを特定の変化に指向させる，目標指向的な手法です。やめたいけれどやめられない，変わりたいけれど，変えられない，やりたいと思っているがやり始めることができないという，相反する感情や考え（両価性）を抱いている状態のクライエントは，就労支援の現場によく来談します。また，この矛盾した

2. 意思決定理論・モチベーション理論の応用　221

感情・考えを持つことは，一般的によくある通常の状態とも言えるものです。

クライエントの訴えを要約する際に，変わりたいが変わりたくないという状態を接続詞「一方で」を使うことにより矛盾の明確に提示し，変ろうとする発言・発語（チェンジトーク）が増やすことにかかわることにより，クライエントの変化への意欲を高め行動化への可能性が上がるように支援します。

戦略としてのOAPS（Open Question：開かれた質問，Affirm：是認，Reflective Listening：聞き返し，Summarize：要約のスキル），具体的な行動計画の策定・プランニングにおける，クライエントの自律性を尊重した聴き方，AOA（Ask Offer Ask：何から始められそうですか？　○○もありますがどうですか？）など，キャリアコンサルティングに応用できるスキルがたくさんあります。

3. 社会正義のキャリア支援の応用

a 社会正義のキャリアガイダンス論と行動化

ワッツの社会問題・改革に焦点をあてたキャリア支援に始まり，リチャードソンの多文化アプローチ，ブルステインのワーキング心理学など，世界のキャリア支援の大きな流れとなっている社会正義のキャリガイダンス論は，社会の価値・構造・政策・実践を変えようとする学術的・専門的活動で，不利な立場にある対象層や，（社会の中心から追いやられた）周辺的な対象層が自己決定の手段により多くアクセスできるように支援することを求めています。

クライエントは個人では背負いきることのできない社会の不条理・非合理・不公平などの事情・環境を，個人の問題として背負ってコンサルタントの前に現れます。そのときクライエントの行動化を支え，クライエントの環境へ介入するスキル・環境に働きかける力など，コンサルタントが実施できる支援とはどのようなものでしょうか。

下村（2020）は社会正義のキャリア支援のプラクティス・実践として，

①深い意味でのカウンセリング　②エンパワーメント　③アドボカシーの 3 つをあげています[9]。

　②エンパワーメントは，クライエントが問題解決手段へより多くアクセスができ，自己決定の選択肢が増加するよう支援することです。アドボカシーは，提案，代弁，申し入れ，具申，唱道，権利擁護，弁護などであり，この行動的側面を実務者から観みると“環境への働きかけ”と近いものととらえることが可能です。アドボカシーは，クライエント自らの交渉・説明・改善を支援するセルフ・アドボカシー，クライエントの代わりに支援者が申し入れ・説明・交渉をするクライエント・アドボカシー，さらに組織・制度・社会全体への介入や組織改革・組織開発を行うシステム・アドボカシーの 3 つに分けることができます。

b 環境介入行動・5 つのアドボカシー

　私はこの環境介入のスキルを，支援現場でクライエントの行動化支援のためにコンサルタントが実践可能なスキルを 5 つに分けています。

---

　1 つめは，環境対処スキルの指導です。

　　　　　　　　　　　　　（エンパワーメント，セルフアドボカシー）

　クライエント自身が環境に働きかけるスキルを，コンサルタントがクライエントに対して指導することです。クライエントが自らを取り巻く周囲の環境を変える・改善する，周囲の人に態度を変えてもらうことができるように，人間関係アプローチのスキル，関係性の改善により自立を促進することです。

　具体的には，自己申告やフィードバックのスキル，利害関係人（上司・同僚・家族・教師など）への話し方の練習，自己主張訓練（アサーション），ソーシャル・スキル・トレーニング，環境（職場）改善提案・代替案作成支援，交渉・折衝・戦略立案のスキル指導などです。

---

3. 社会正義のキャリア支援の応用　223

これに伴い，学び直し，リスキリングが必要なこともあります。

2つめの環境介入スキルは，ツール・サービスの提供です。

（エンパワーメント，セルフアドボカシー）

クライエント自身が環境に働きかけるときに役に立つツールを提供したり，サービスを提供したりすることです。

具体的には，メンター・ジョブサポーターをつける，ヘルパーを派遣する。ソーシャルワーカーの支援・公的支援制度の紹介，通訳・IT関係のテクニカルサポート，フィナンシャル・プランニング，奨学金，ローン紹介，借金整理，家事代行，子育て支援機関，病児保育，医療機関，福祉サービス，一時保護，法的機関・金融機関などの情報源へのリンクなどです。

3つめは環境の調整・改善・開発の支援です。

（クライエントアドボカシー）

コンサルタントがクライエントに代わって，あるいはクライエントとともにクライエントを取り巻く環境に働きかけて，その環境・所属組織・部署を変える支援です。"具申"という表現も使われます。

具体的には，組織・上長への進言・提言などの組織を変える働きかけです。そのためには調査・ヒアリング，ストレスチェック実施，フィードバックなどのステップも必要になることがあります。環境調整・就労支援などにより具体的に職場環境を替える，組織開発・組織改革，組織・風土文化の改革・改善，働き方改革支援，リモートワーク，システムを変える・工程の見える化，スモールステップ化，共有化，マニュアル手順変更などです。

224 第6章 理論・アプローチの"行動化"への応用

4つめは，環境を替える・移行する支援です。

（クライエントアドボカシー，システムアドボカシー）

クライエント個人をある環境から他の環境に移す，環境移行の支援です。緊急性のあるとき，あるいは環境の改革が難航し長期を要する時，現環境の変化を待つより，早期にクライエントを別環境に替えることを優先します。それは環境療法でもあります。

具体的には，転職，転職活動・転職準備，再就職支援，異動・配置転換・海外赴任，新環境での就労調整支援・環境支援型就労支援，転学科・クラス替え・留学，転居・別居・離婚，入院・療養，入学・訓練，旅行・保養などです。

5つめは，新環境を創造する支援です。

（システムアドボカシー）

クライエントを，新しい環境へ移す，新しい環境を創造する支援です。

具体的には，独立自営・開業，起業・創業・ニュービジネス・インキュベーター・新モデル開発，スタートアップ支援，就労困難者への居場所づくり・中間就労施設・地域包摂事業，プロボノ・副業，組織団体創設，制度改革，オーダーメイド型のインターンシップなどです。

環境介入には，クライエントとクライエントを取り巻く状況に応じて，さまざまな関係者・関係組織との協力・連携，リファー・コンサルテーションあるいはコーディネーションの力を求められます。しかし，コンサルタント自身のネットワークの限界があります。コンサルタントがより幅広く，クライエントの状況に対応していくためには，上記5つのスキルを参考にネット

ワーク構築を意識し積み重ねていくことに意味があると思料しています。そして，コンサルタントが環境へ働きかける力・環境介入の手法に行き詰まることも少なくなります。

さらに，社会正義のキャリアガイダンス論には，社会全体への発信，ディーセントワークの確保，社会的・政策的なアプローチがあります。それらは一朝一夕で実現できないことが多いものでしょう。しかし，私たちが現場でできること，できる範囲を日々広げチャレンジしていくときに，上記の5つの環境への働きかけるスキルは，一つ一つの扉を具体的に開けていくことにつながるのではないでしょうか。

c レジリエンス，スピリチュアリティ

個人では負うことのできない環境の激変，不条理・不合理・不公平のもっと典型的なものは大規模自然災害・戦争・パンデミックであり，大事故・人為災害・暴力虐待・重篤な急病なども，同様に突然襲ってくる不条理の極みです。

悲惨な出来事に遭遇した方に対する支援として，2009年以降，WHOでは従来の「心理的デブリーフィング」に替わるものとして「PFA（サイコロジカル・ファーストエイド：心理的応急処置）」という手法を推奨しています。極端に不利な状況に直面しても，正常な平衡感覚を維持することができる力，外圧による歪みを跳ね返すことができる力を"レジリエンス"と言い，復元力・自発的治癒力・再起力などとも呼ばれています。

PFAの活動原則として，P＋3L（Prepare：準備，Look：見る，Listen：聞く，Link：つなぐ）という活動があり，これが被災者・被害者のレジリエンス力向上に効果があるとしています。特に，Link（つなぐ）においては，①生きていくうえで基本的なニーズが満たされ，サービスを受けられるように手助けをする　②自分で問題に対処できるように手助けをする　③情報を提供する　④人々を大切な社会資源と結びつける　という行動の支援が中心です。

そしてこれにより，本人が自立して行動できることを目指しています。この支援手法は，理不尽に大きなショックを受けたクライエントのキャリア支援に関しても示唆的です。キャリアコンサルティングの手法として，これを応用して加えることが良いと思料しています。

　また，社会経済構造が激変する中で"学び直し・リスキリング"という掛け声だけで行動を起こすことができる人は，実際には多くありません。働く人が組織内で目標を定めにくい時代こそ，生きがい・やりがいを感じ，仕事に意義を見出して，自発的に行動を起こすためには，天職やスピリチュアリティ（精神性）という感覚も大切なものではないでしょうか。例えば企業内での中高年の活性化もその例でしょう。目的意識や情熱を持ち，他者に貢献できる仕事に意義を見出す利他行為（誰かのためにする仕事・ケア・社会貢献）は，天職とつながることがあります。そこにはスピリチュアリティと行動の相互関係があります。

　天職はほとんどの場合，発見したり見つけたりするものではなく，周りの世界をどのように変えていくのかということに取り組む継続的な行動の中で"育っていくもの"です。自分のことを考え，資源を使う行動の結果として，アイデンティティの感覚が得られます。天職は利他主義に支えられながら"今ある仕事を天職に変えていく"という行動から生まれることが多いものです。

4. 行動化を支援するスーパービジョン

a キャリアコンサルタントの成長プロセス

　第3章第1節の冒頭で述べたように，私は「キャリアコンサルティングは何を目的として行うのか？」と問われたとき「そのコンサルティングが終わったときにクライエントが行動をとれること，"次の一歩"を踏み出せる

こと」と答えてきました。同様に「スーパービジョンは何を目的として行うのか？」と問われれば，「そのスーパービジョンが終わったときにスーパーバイジーがクライエント支援の“次の一手”を選べること，スーパーバイジー自身の成長課題に対して，どう行動すればよいか分かること」と答えています。

　１級キャリアコンサルティング技能検定の実技（面接）試験実施概要でも，事例指導とは，事例相談者の担当する事例を通して，相談者（クライエント）へのより良い支援と，事例相談者（スーパーバイジー）のキャリアコンサルタントとしての成長を目的に指導を行うものとしており，具体的支援の展開としてクライエントへのより良い支援と，スーパーバイジーの成長課題への支援を求めています。

　浅野（2022）はスーパービジョンの目的として，１つめにスーパーバイジーの成長，２つめにスーパーバイジーの成長を通じて相談者のキャリア形成をより良いものとすること，３つめにスーパーバイザーの成長と相談者のキャリア形成を通じて組織活性化を図ることとし，組織への効果についても視野に入れていることに留意が必要としています[10]。

　平木（2012）はスーパービジョンの目的の一つとして，スーパーバイジー自身が，頼れる内的スーパーバイザーを自己内に育てることであるとしています[11]。

　上記の記述を踏まえると，スーパービジョンの目的は，①クライエントへのより良い支援，②スーパーバイジーの成長の２つのみではなく，③組織の活性化，④内的スーパーバイザーを自己内に育てる，という目的も加えて，４つをとらえることができます。そして，各々の目的に対して具体的な行動が求められています。

　キャリアコンサルタントの実務者は現場・組織内でどのように，自己の成長・クライエントの支援品質向上に取り組んでいるのでしょうか。それはあまり語られることはありませんが，現場では，目の前の事実に対応するため，

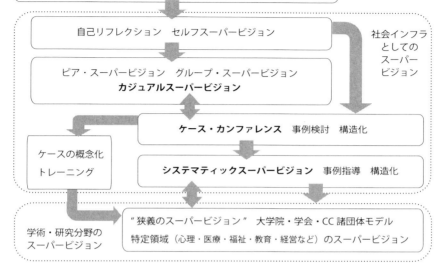

図 6-4　現場のキャリアコンサルタントの成長・品質向上プロセス

筆者作成

日々改善・工夫を重ね，対処が続けられています。

　大学院・学会モデルではなく，実務現場において"内的スーパーバイザーを自己内に育てるプロセス"はどのようなものでしょうか。自身を振り返ってみると以下のようなプロセスが見えてきます。

　自己リフレクション，セルフスーパービジョン → ピアスーパービジョン，グループスーパービジョン → ケースカンファレンス，ケースの概念化トレーニング → システマティック・スーパービジョン。

　図に示すと図 6-4 のようになります。

　この図では，個別のコンサルティングは，キャリアコンサルティングの特

4. 行動化を支援するスーパービジョン　229

徴である，半構造化されたシステマティックアプローチをとることを前提に
スタートしています。

　次に，日頃からキャリアコンサルタントが自らの実践を，自らの振り返り
によって気づきを促す"自己リフレクション・セルフスーパービジョン"の
習慣化をステップにしています。自らを客観視する力"振り返って良く考え
る力"は，自己の中に内的スーパーバイザーを育てる力の基礎になり，自己
リフレクションは実践力の強化につながります。セルフスーパービジョンの
究極の姿が"内的スーパーバイザー"ではないでしょうか。

b 日常的で現場に必要なスーパービジョン

　今，「キャリアコンサルタントは，スーパービジョンを受けることが必須
である」と声高に迫られています。私も必要性を否定するものではありませ
ん。しかし，従来から実施されている多くのスーパービジョンは，現場の実
務者にとっては，それを受けることへのハードルは高く，機会を得ることも
困難で，準備の時間・経済的な負担・組織上の（不安定な）立場での調整・
居住する地域などのさまざまな制約があります。スーパービジョンを受けな
さいと言われても，極めて厳しい状態にあるコンサルタントは少なくありま
せん。

　例えば，スーパービジョンを受けるために，しっかりと資料を準備する価
値はあると認めても，多くの現場実務者には準備する時間はないのが現実で
す。むしろ準備作業の段階で構えてしまい，形式的な"資料作りによって失
われていくもの"がある，ということも理解しておかなければなりません。

　また，スーパービジョンの指導内容は，コンサルティング・プロセスのうち，
関係性を構築するための冒頭の細部にわたる応答や，話の聴き方に偏る傾向
があり，具体的支援展開には進まないケースが多いことも事実です。このこ
とは実務者の間でスーパービジョンへの不満・疑問となって燻っています。

　基本的態度が最も重要であり，クライエント理解の不十分な支援は人を傷

つける危険な行為でカウンセリングではない，という指摘に異議はありません。しかし，行動化の促進，ガイダンスのスキル，コーディネーションのスキルにまで全く至らない，要するに前半のプロセスだけで，行動化やその選択に対する指導がほとんどない指導は，キャリアコンサルティングのスーパービジョンでしょうか？　実務者のニーズと乖離していないでしょうか？

現場では「百のカウンセリングより，一つの情報・行動がクライエントを変える」ことと「百の情報があっても一歩も動かないクライエントがいる」ことの双方があります。すでに日本のキャリアコンサルタントは7万5千人を超えています。私たちは，スーパービジョンを受けるために"自らの環境を克服できず，研鑽ができない"などという姿勢のキャリアコンサルタントは「そもそもキャリアコンサルタントとしての基本的な資質に欠けており，その資格がない」と切り捨てていいのでしょうか。

キャリアコンサルタントが，最もスーパービジョンの必要性を痛感するのは，クライエント支援の難航・行き詰まりで途方に暮れる時，あるいは，その直後です。今日，明日，明後日のクライエントにどう対処するのかに迫られています。いつでも，特段の準備をしなくても，指導が受けられる，入口のハードルを下げた，指導・スーパービジョンの仕組みが必要ではないのでしょうか。

2020年2月，パンデミック直前のパリでフランスにおけるキャリア界の大御所であるギシャールとスーパービジョンについて話す機会がありました。ギシャールから，グランゼコールでの限られたエリートを対象とするプログラムはあるものの，「フランスではスーパービジョンはあまり行われていない。それよりも，日常的にすぐにできることの方が支援の品質向上には大事ではないか。例えば，看護師や教師はどうしているのですか？」との問いかけがありました。スーパービジョンの高品質なプログラムを熱心に作ることに傾倒するよりも，実務者のコンサルティング品質向上には，まず実施する機会が日常的にたくさんあること，その場で実効性のある指導が受けら

4. 行動化を支援するスーパービジョン　231

れることが重要ではないかとの指摘でした。

　指導の高品質化を求めて，指導者 → スーパーバイザー → メンター → スーパー・スーパーバイザー？　などという序列的な発想の行きつく先は，超越した指導者を求めることにつながりかねません。社会インフラとしてスーパーなスーパーバイザーを求めることは現実的で，本当に必要なことでしょうか？

　また，キャリアコンサルティングに限らず，実習や修行の際の指導・フィードバックには，指導者側が十分に配慮していても，傷つきや痛みを伴うことが起きるリスクを完全に排除することはできません。では，キャリアコンサルタントへのケアはもちろん，すべての関係者（クライエント，キャリアコンサルタント，スーパーバイザー）へのケアが可能な仕組みはないのでしょうか？

　より身近で日常的で，頻度高く，必要な時に即実施できるスーパービジョンはどのようにすれば可能か，そして参加者全員をケアできる仕組みはどのようなものがあるのでしょうか。

　あらためて現場を観察してみると，そこにはピアスーパービジョン，グループスーパービジョン，仲間同士の日常的で効果的なスーパービジョンがさまざまに工夫して積み重ねられていることに気づきます。

　ピアで，ブリーフで，プラクティカルで，システマティックなスーパービジョン，身近で日常的で現場に必要な仲間同士のスーパービジョン，これを私は"カジュアル・スーパービジョン"と名付けて整理しています[12]。

c カジュアル・スーパービジョンの構造

　現場では，急ぎスーパービジョンを受けたいというニーズがあっても，スーパーバイザーを確保できない，ケース・カンファレンスを実施したくても指導者がいない，ということがよくあります。また，日常的なリフレクションに活用できるケース・カンファレンス，グループ・スーパービジョンの実施を目指しても，なかなか定着しないという悩みもあります。継続できない理

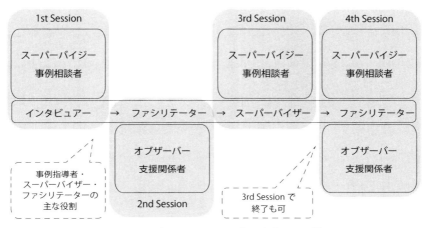

図6-5　カジュアル・スーパービジョンの構図

筆者作成[13]

由の多くは，事例提供者・スーパーバイジーの心理的安全性が保てないことによるものです。

　オーソライズされたスーパーバイザー・指導者がいなくても，仲間で日常的に開催でき，支援の具体的展開・行動化に至るまで示唆が得られ，事例提供者の心理的安全性を保てる，ピア・グループ・スーパービジョン（ケースカンファレンス）は，どのようにすれば継続し定着するのでしょうか。現場で試行錯誤を積み重ねた結果の一つが"カジュアル・スーパービジョン"です。

　カジュアル・スーパービジョンの参加者・プロセスは以下の通りです。

参加者　スーパーバイジー Svee（事例相談者・事例提供者）　1名
　　　　SVor スーパーバイザー又はファシリテーター（事例指導者）
　　　　（同僚のキャリアコンサルタントも可）　　　　　　　1名
　　　　Ob 参加キャリアコンサルタント・オブザーバー・支援関係
　　　　者　　　　　　　　　　　　　　　　　　　　　　　数名

4．行動化を支援するスーパービジョン　233

第1セッション　スーパーバイジー SVee・スーパーバイザー SVor
Svee：困り事・訴え
Svor：傾聴，CL 像・支援内容など情報収集・整理

第2セッション　スーパーバイザー SVor・オブザーバー Ob
ディスカション，**承認**，Ob の気づき開示，**I メッセージで提案**

第3セッション　スーパーバイジー SVee・スーパーバイザー SVor
Svee のコメント　第2セッションで参考になったこと・**良いところ
の選択**
感想・気づき・Svor からの課題問いかけ

第4セッション　全員参加 SVee・SVor・Ob
各自の**自己リフレクション**　感想・気づき・意味・生かせそうなこと

＊現場の状況により，第3セッションで終了することも可
＊第2セッションの提案では，自分であればこうするという具体的対処策・
　行動をできるだけ多く提示する
＊第3セッションにおいて，スーパーバイザーがスーパーバイジー（事例相
　談者）の成長課題に触れることは可

　カジュアル・スーパービジョンでは，資料の準備は不要です。ただし，組
織内などで，守秘ができる場合は関連資料の回付も可能とします。
　スーパーバイザー（事例指導者）がスーパーバイジーとオブサーバーの間
に入ることにより，スーパーバイジーを“被告席に座らせる”ことのないよ
うプロテクトし，ケアすることができます。これはスーパーバイザーの最も

大切な役割の一つです。カジュアルスーパービジョンが組織に定着し継続するかどうかの重要なポイントは，このプロテクト機能にかかっています。

　また，スーパーバイザーが，オブザーバーの提案内容が具体的な行動につながること指向してファシリテートすることにより，スーパーバイジーの選択肢を次の一手，行動化の促進を促すことができます。

　第4セッションが実施される場合は，参加者全員が"自己リフレクション"に徹することが重要であり，スーパーバイジーに対して何かを求めることはありません。ただし，例外としてスーパーバイザーがスーパーバイジーに，コンサルタントとしての成長課題を問いかけることは認めることがあります。

　カジュアル・スーパービジョンがグループ・組織内で行われる場合，特に組織上の上司・管理者も含めて実施される時には，現場の課題を組織で共有することになり，組織の対応力向上・活性化・組織内関係構築に効果を発揮します。組織力向上にとってもグループスーパービジョン，カジュアルスーパービジョンは効果的な手法です。

　オブザーバー・支援関係者の構成については，キャリアコンサルタントのみに限定する必要はありません。むしろ社会福祉士，社会保険労務士，就労支援地域団体，行政関係者，医療関係者・臨床心理士・公認心理士，企業内人事・総務部門などキャリア支援に理解のある関係者に参加いただくことは，環境介入・連携・協働（コーディネート）支援への可能性を広げ，より豊かな選択肢を広げることにつながります。

　これまで，グループ機能を生かしたスーパービジョンの手法もいくつが開発されていますが，多くの手法は前半の関係構築・問題把握に留まり，具体的行動，ガイダンスやコーディネーションの支援まではかかわらないケースが多く見られます。

　キャリア支援現場の管理者は，クライエントからのクレームをはじめとしてさまざまなリスク管理に対処することが必要です。危機管理の予防手法と

4. 行動化を支援するスーパービジョン　235

して，1件の重大事故の裏には29の軽い事故があり，またその裏には300件のヒヤリとしたりハッとしたりしたが事故にはつながらなかった事象があるという "ハインリッヒの法則" はよく知られた法則です。マネジメントの立場にある方は，実際にヒヤリハットの事象を把握することの難しさも経験してお見えでしょう。

キャリア支援においても，現場の困り事を共有することができるカジュアルスーパービジョンのベースからも，個人と組織，双方の支援スキル向上，リスク管理に取り組んでいただくことが必要ではないでしょうか。

d ケース・カンファレンスの構造化

ケース・カンファレンスは事例に焦点を当て，より良い支援の検討と具体的な対処策の選択支援を実施します。ケース・カンファレンスを構造化することは，対処策を通して，クライエントの行動化を促すと同時に，コンサルタントの課題への取り組みを具体的にすることに効果を発揮します。

前述の，カジュアル・スーパービジョンはケース・カンファレンスであって，スーパービジョンではないというご指摘もあることと思います。カジュアル・スーパービジョンでは，第3セッションで終了することもありますので，その場合には，クライエントへのより良い支援方法で留まり（キャリアコンサルタント自身が気付かない限りは）キャリアコンサルタント自身の成長課題について取り上げないこともあります。この場合はご指摘の通りです。

しかし，事例に焦点を当てるケース・カンファレンスとコンサルタントの成長課題に焦点を当てるスーパービジョンは別物であるとしても，その峻別は本当に，常に必要なのでしょうか？　私は，現場では両者が連続したり，統合されたりすることがあっても，自然なことであると捉えています。

例えば，組織内の支援拠点へ出張し，コンサルティング品質の向上のための指導を実施する場合には，1人のコンサルタントに対して3～4事例の指導を実施することが珍しくありません。そして複数の事例について対処策を

236　第6章　理論・アプローチの "行動化" への応用

コンサルタントと共に検討していく過程で，そのコンサルタントが，よく陥る問題点，支援スキルの癖・偏り・傾向・不足する知識や技法が，指導者とコンサルタントの間で共有されてくることが起きることはよくあります。

　当初は個別事例に焦点を当て，その対処策をケース・カンファレンスとして実施し，最後には，コンサルタントの成長課題に焦点を当てて，表出・共有した課題への取り組みを一緒に検討することになり，結果としてスーパービジョンへと移行していきます。むしろ，ケース検討とスーパービジョンの一体化を日常的な現場の実践で積み重ねることが，事例を踏まえたキャリアコンサルティングの品質向上を着実に培うことにつながるのではないでしょうか。

　ケース・カンファレンスが"好事例発表大会"や"上司による指導の場"になってしまい，コンサルタントから忌避されているということも耳にすることがあります。前述しましたが，効果のあるケース・カンファレンスを続けていくポイントの一つは，スーパーバイザーが検討の各ステップで事例提供者を"被告席に立たせる"ことのないようプロテクトすること。そのためには，スーパーバイザーがスーパーバイジーに代って質問・提言を受け付け，関連付け，整理することが必要です。

　表 6-7 に，行動化を促すことにつながるケース・カンファレンスの典型的なプロセスを例示いたします。

　"ケースの概念化"トレーニングは，ケースの一般化・抽象化を通して，共通する要素をまとめ，理論を活用して問題の本質を掴みやすくすることであり，キャリアコンサルタントが，将来スーパーバイザーへ成長するための，極めて重要なステップです。この概念化の力を身につけているかどうかが成長の分岐点になっていると言っても，決して過言ではありません。

表6-7　ケース・カンファレンスのプロセス

	構造化　スーパーバイザー（ファシリテーター）による進行管理
1	事例提供者による事例の説明
2	参加者の質問　クライエント像・背景の共有 参加者の質問②　事例提供者の支援内容・状況の共有
3	問題把握　参加者による多様な見立ての提示
4	問題の整理　ディスカッション　絞り込み（複数の問題可）
5	対処策の提言　参加者による具体的な支援の展開策説明 クライエントの行動化を促す支援の検討・選択肢の提示
6	事例提供者による選択　感想・気づきの共有

e システマティックスーパービジョン

　スーパービジョンを構造化して進める手法を，私は"システマティックスーパービジョン"と呼んでいます。

　傾聴，事例の内容・クライエント像の共有 → コンサルティングの状況・支援内容の共有 → キャリアコンサルタントの訴え把握 → スーパーバイザーの見立て → クライエントへのより良い支援・対処策検討 → スーパーバイジーの成長課題・提示・共有 → スーパーバイジーの成長の具体的支援 → 相互の自己リフレクション・評価，というプロセスは，システマティックスーパービジョンもカジュアルスーパービジョンも，1級キャリアコンサルティング技能検定と共通したベースを持っていることにお気づきいただけることでしょう。

システマティック・スーパービジョンのステップ
ステップ①：教育指導関係の初期構築

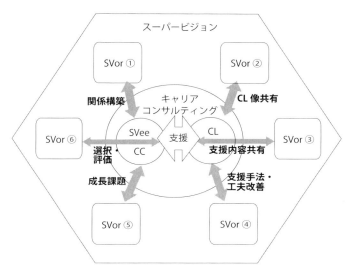

図 6-6　スーパービジョンの円環図・クリスタルモデル

筆者作成

> ステップ②：クライエント像とクライエントの訴えの共有
> ステップ③：コンサルタントの見立てと支援内容（具体的展開）
> ステップ④：現状から可能な改善・工夫，より良い支援
> ステップ⑤：コンサルタント（スーパーバイジー）の成長課題
> ステップ⑥：コンサルタントの選択　バイザー・バイジー相互の評価

　クライエントとキャリアコンサルタント（スーパーバイジー）のコンサルティング関係を中央に置き，その周囲にスーパーバイザーとスーパーバイジーのスーパービジョン関係（6つのステップ）を円環状に表示してみると，図6-6のようになります。クリスタル・モデルと名付けました。

　システマティックに進めるということは，プロセスの前半だけでなく，後

4. 行動化を支援するスーパービジョン　239

半になればなるほど，行動カウンセリングのウェイトが高くなります。すなわち，クライエントの行動を促すキャリアコンサルティングが実現します。

　当然のことながら，キャリアコンサルタント（スーパーバイジー）の成長プロセス・その段階により，スーパービジョン・指導方法内容は変化します。より良いスーパービジョンのためには，キャリアコンサルタントが自らの成長過程を客観的に測ることができることも必要になります。その際の内省ツール，セルフ・スーパービジョン支援ツールとして，一般社団法人キャリア支援実務研修センターでは「キャリアコンサルタントの成長に関する尺度」開発に取り組んでおり，既に学会での発表[14]，試行を実施しています。
　このことが，キャリアコンサルタントが自分自身の中に"頼れる内的スーパーバイザー"を育て，実践力の向上に役立つことを願っています。

【引用文献】
1）吉川雅也（2023）ハプンスタンス学習理論実践のための理論的枠組みと現代的意義　キャリア教育研究, *42*, 3-13.
2）3）4）5）Babineaux, R., Krumboltz, J.（1987）*Fail Fast, Fail Often: How Losing Can Help You Win*. New York: Tarcher Penguin.
6）Guichard, J.（1987）*Nouvelle DAPP--Nouvelle Découverte des Activités Professionnelles et projets Personnels et professionnels*. I.N.E.T.O.P.
7）藤田廣志（2019）プラクティカル・キャリアコンサルティング1〕　キャリアガイダンス 求職手法・マーケティング 第 113 回　MCC 東海
8）Rochat, S.（2021）*VAINCRE LA PROCRASTINATION 24clés pour agirmaintenant et éviter de remettre á demain*. MARDAGA.
9）下村英雄（2019）社会正義のキャリア支援──個人の支援から個を取り巻く社会に広がる支援へ　図書文化社
10）浅野浩美（2022）キャリアコンサルティング──組織で働く人のキャリア形成を支援する　労働行政
11）平木典子（2012）心理臨床スーパーヴィジョン　金剛出版
12）藤田廣志（2024）カジュアル・スーパービジョン　中部地区キャリアコンサルティグ技能士ネットワーク
13）藤田廣志（2024）カジュアル・スーパービジョン　キャリアコンサルタントの実践知シリーズ⑭ 第 180 回　MCC 東海・研鑽会
14）五十嵐敦，藤田廣志，坂柳恒夫，田﨑慎子，星野宏（2023）キャリアコンサルタントの成長に関する尺度開発の試み　一般社団法人キャリア支援実務研修センター　第 28 回キャリア・カウンセリング学会研究発表

【参考文献】

安達智子，下村英雄（2013）キャリア・コンストラクションワークブック——不確かな時代を生き抜くためのキャリア心理学　金子書房

Babineaux, R., Krumboltz, J.（2013）*Fail Fast, Fail Often: How Losing Can Help You Win.* New York: Tarcher Penguin.

スティーブン・R・コヴィー（1996）7つの習慣　キングベアー出版

B・ディック（2016）キャリア発達における天職・精神性・信仰　IEAVG 国際キャリア教育学会日本大会 2015　基調講演　第3章　JILPT 資料シリーズ№.170

海老原嗣生（2017）クランボルツに学ぶ夢のあきらめ方　星海社

ジョージ・S・エヴァリー，ジェフリー・M・ラティング（著）澤明（監修）神庭重信，中尾智博，久我弘典，浅田仁子（監訳）日本若手精神科医の会（JYPO）（訳）（2023）サイコロジカル・ファーストエイド——ジョンズホプキンスガイド　金剛出版

藤田廣志（編著）京免徹雄, J・ギシャール, S・アミシ, V・コーエンスカリ（著）中村美智子（訳）（2020）フランスのキャリア支援 日仏合同セミナー講演録 第2版　MCC 東海＆ RCT ロビンズ倶楽部 TOKYO

藤田廣志（2024）カウンセリング理論・折衷的アプローチの実務活用——行動的アプローチの活用　第173回 MCC 東海

藤田廣志（2023）キャリア理論の実践的活用——意思決定理論の活用　第165回 MCC 東海 第44回ロビンズ倶楽部 TOKYO

藤田廣志（2024）モチベーション理論の活用　第174回 MCC 東海

藤田廣志（2021）モチベーション理論の実務活用　第32回ロビンズ倶楽部 TOKYO

藤田廣志（2021）社会正義のキャリア支援と環境に働きかける力　キャリアコンサルタント更新講習　悠久の風

藤田廣志（2024）カジュアル・スーパービジョン　特定非営利活動法人キャリア・ファシリテーター協会（和歌山）

福浦操（2020）辞めない社員をつくる！——教え育む定着支援　セルバ出版

星野宏（2024）動機付け面接入門③ 行動化の支援 第180回　MCC 東海

ダニエル・カーネマン（著）友野典男（監訳）山内あゆ子（訳）（2011）ダニエル・カーネマン　心理と経済を語る　樂工社

木村周，下村英雄（2022）キャリアコンサルティング 理論と実勢 [6 訂版] ——専門家としてのアイデンティティを求めて　雇用問題研究会

京免徹雄（2016）持続可能な社会の創造に向けたキャリア教育の可能性——Guichard のパラダイム論を手がかりとして　愛知教育大学研究報告 教育科学編，*65*，133-139

北田雅子，磯村毅共著（2016）医療スタッフのための動機づけ面接法——逆引き MI 学習帳　医歯薬出版

Maree, J. G.（2013）*Counselling for Career Construction. Connecting life themes to construct life portraits: Turning pain into hope.* Sense Publishers.

Rochat, S.（2021）*VAINCRE LA PROCRASTINATION 24clés pour agir maintenant et éviter de remettre á demain.* MARDAGA.

Rochat, S.（2017）*L'entretien motivationnel en appui aux prestations d'orientation scolaire et professionnelle*, U. de Lausanne.

マーク・L・サビカス（著）日本キャリア開発研究センター（監訳）（2015）サビカス キャリア・カウンセリング理論——〈自己構成〉によるライフデザインアプローチ　福村出版

エドガー・H・シャイン，J・ヴァン＝マーネン（著）木村琢磨（監訳）尾川丈一，藤田廣志（訳）（2015）キャリア・マネジメント——変わり続ける仕事とキャリア　白桃書房

下村英雄（1998）大学生の職業選択における決定方略学習の効果　教育心理学研究，*46*(2)，193-202．https://www.jstage.jst.go.jp/browse/jjep/46/2/_contents/-char/ja

下村英雄（2023）キャリアコンサルティング理論と実際 6訂版 連続講座　キャリアコンサルティングの諸理論　雇用問題研究会

下村英雄（2020）社会正義のキャリア支援　図書文化社

浦上昌則，高綱睦美，杉本英晴，矢崎裕美子（2017）Planned Happenstance 理論を背景とした境遇活用スキルの測定　南山大学紀要『アカデミア』人文・自然科学編，(14)，49-64.

渡部昌平（2015）社会構成主義キャリア・カウンセリングを参考としたキャリア教育教材の開発と評価　リメディアル教育研究，10(2)，204-210.

世界保健機関（著）国立精神・神経医療研究センター（監訳）（2011）心理的応急処置（サイコロジカル・ファーストエイド：PFA）WHO 版

索引

■あ行

アーサー　33, 134

アジャイルキャリア開発　77, 79-82

アトキンソン　219

アムンドソン　9, 93, 154

意思決定理論　32, 62, 89, 93, 216

インターンシップ（職場体験）　10-11, 23, 35, 126-127, 179, 193-194, 212, 225

ウィットモア　97

ウォルピ　47, 123

オペラント（道具的）条件づけ　52-55, 93, 108, 122-124

オペラント学習　45

■か行

カーネマン　217

解決志向アプローチ　→ソリューションフォーカストアプローチ

ガイスバーズ　9

ギシャール　138, 213, 231

キャリア・アダプタビリティ　151-153, 161

キャリア発達　33, 181, 200, 211

キャリア不決断　142-143

境遇活用スキル　116, 171, 174, 176-182, 191

偶発性　32, 110, 112-118, 141,166, 181. 188, 200

偶発的　32, 63, 88, 94, 109, 112-113, 117, 188-189, 219

クランボルツ　19, 25, 27, 31-33, 37, 42-45, 47, 49-50, 62-65, 70, 72, 74, 88, 94, 100, 109-110, 112, 114, 117. 119, 166, 190, 200,

201, 219

計画的偶発性　32, 112-113, 115-116, 141, 181　→「ハプンスタンス」も参照

系統的脱感作（感情的学習）　44, 47, 49, 69, 123

好奇心・持続性・柔軟性・楽観性・冒険心　12, 21

行動カウンセリング　32, 42, 45, 49, 89, 93-94, 109, 239

行動主義　43-47, 56, 68-69, 75, 82, 123-125

行動的介入　59-60

ゴールドラット　92, 115

コクラン　9, 19, 22

コルブ　91

■さ行

サビカス　8-10, 32, 60, 83, 125, 138, 152, 161

ジェラット　32, 216-217

ジェンドリン　83

システマティックアプローチ　94-95, 102, 115, 122, 210, 229

シャイン　33, 214

社会正義／社会的公正／公平性　51, 83, 94, 129, 136, 144, 161-162, 216, 222, 226

社会的学習理論　42, 44-45, 49-50, 56, 77, 82, 110, 112, 188, 209

シャハー　27

シュロスバーグ　33, 139

スカリー、ジェローム、ノタ　134

スキナー　44, 52, 54, 123-124

スナイダー（Snyder）　141

セリグマン　209

セレンディピティ　141
ソールセン　33, 49
ソリューションフォーカストアプローチ（SFA）
82, 107, 154-156, 158-159

■た行
ディーセントワーク　129, 144-146, 151,
226
ティードマンとオハラ　218
ドラン　96, 220
トランジション　33, 138

■な行
ナラティブアプローチ　9, 129
認知的介入　59-60, 65, 69-71, 74
認知的学習　46

■は行
バーネットとエヴァンス　10, 19, 20, 21, 23
バウマン　135
バビノー　33, 119, 200
パブロフ　44, 51
ハプンスタンス　42-45, 49, 52, 55-56, 60,
62-67, 69-77, 80-82, 84, 109　→「計画的偶
発性」も参照
ハルバーソン　27
ハンセン　19
バンデューラ　44, 209
ピアジェ　13
ピーヴィー（Peavy）　9
ヒルティ　129
ヒルトン　218-219
プライアーとブライト（Pryor & Bright）　10, 19
プラント（Plant）　15

ブルーム　219
ブルステイン　222
ベザンソンとデコフ　95-96
ポジティブアプローチ　209-210
ポジティブ心理学　141, 209

■ま行
マクゴニガル　28
マクマホン（McMahon）　9, 134, 140, 156,
158
マズロー　219
マリー　125
ミッチェル　62, 112, 114
模倣学習　46

■ら行
『ライフ・シフト』　146
リアリティショック　176, 185
リチャードソン　222
レヴィン　19, 27, 33, 62, 112, 114
レジリエンス　129, 139, 144, 151-153,
161, 226
レスポンデント（古典的）条件づけ　51-53,
93, 122-123
ロシャ　219
ロジャーズ　42-43, 82-83, 143, 156

■わ行
ワッツ　222

編著者・著者略歴

【編著者】

渡部 昌平（わたなべ・しょうへい）

　秋田県立大学総合科学教育研究センター准教授。国際基督教大学教養学部教育学科卒業（心理学専攻），明星大学大学院人文学研究科心理学専攻修了，修士（心理学）。1996年労働省（当時）入省。札幌公共職業安定所，職業安定局，飯田橋公共職業安定所，職業能力開発局，沖縄労働局等を経て2011年から現職。専門はキャリアカウンセリング，キャリア教育。主な著書に『はじめてのナラティブ／社会構成主義キャリア・カウンセリング――未来志向の新しいカウンセリング論』（川島書店，2016），『日本キャリアカウンセリング史――正しい理解と実践のために』（共著，実業之日本社，2024），編著書に『社会構成主義キャリア・カウンセリングの理論と実践――ナラティブ，質的アセスメントの活用』（福村出版，2015）など。

【著者／執筆順】

吉川 雅也（よしかわ・まさや）

　関西外国語大学英語キャリア学部准教授，博士（商学）。同志社大学大学院総合政策科学研究科博士（前期）課程修了後，ITエンジニア，人事コンサルタント，FP，キャリアカウンセラーなどの仕事を経て，2013年に関西学院大学キャリア教育常勤講師，2017年に関西外国語大学外国語学部講師，2020年より現職。近年はハプンスタンス学習理論やアジャイルキャリア開発モデル，キャリア支援者の生成AI活用などを研究テーマとしている。

藤田 廣志（ふじた・ひろし）**ロビン**

　東海ライフキャリア代表，一般社団法人キャリア支援実務研修センター代表理事，NPO法人ブルーバード専務理事，MCC東海主宰。名古屋大学法学部卒，都市銀行・人材サービス企業を経て独立。一般社団法人日本産業カウ

ンセラー協会中部支部副支部長，愛知教育大学大学院特別講師，豊田市働き方改革アドバイザー歴任。主な編著書に『フランスのキャリア支援―日仏合同セミナー講演録』（MCC 東海＆ロビンズ倶楽部 TOKYO，2020），『その人らしく生きる社会の実現―木村 周先生からの "おくりもの"』（MCC 東海＆ロビンズ倶楽部 TOKYO 木村 周先生講演録制作委員会，2021），訳書に E・H・シャイン他『キャリア・マネジメント パーティシパント・ワークブック―変わり続ける仕事とキャリア』『キャリア・マネジメント ファシリテーター・ガイド―変わり続ける仕事とキャリア』（いずれも共訳，白桃書房，2015）。1級キャリアコンサルティング技能士，PFA（心理的応急処置）WHO 版指導者。

新目 真紀（あらめ・まき）

職業能力開発総合大学校能力開発院教授。博士（工学）。国家資格キャリアコンサルタント，2級キャリアコンサルティング技能士。専門は社会システム工学，キャリア教育。主な共著書に『社会構成主義キャリア・カウンセリングの理論と実践――ナラティブ，質的アセスメントの活用』（福村出版，2015），『新時代のキャリアコンサルティング――キャリア理論・カウンセリング理論の現在と未来』（労働政策研究・研修機構，2016），『コミュニケーションリテラシーの教科書――カウンセリングスキルを使ったエクササイズ』（東京電機大学出版局，2022），監訳書に N・アーサー他『現場で使えるキャリア理論とモデル――実践アイデア 選択章訳』（共監訳，金子書房，2021）。

矢崎 裕美子（やざき・ゆみこ）

日本福祉大学教育・心理学部心理学科講師。名古屋大学大学院教育発達科学研究科博士後期課程単位取得退学，博士（心理学）。日本福祉大学全学教育センター，日本福祉大学社会福祉学部助教を経て 2021 年より現職。専門分野は社会心理学，産業・組織心理学。日本キャリアデザイン学会研究誌編集委員会委員。主な論文に「社会人における境遇活用スキルとストレスへの対処行動および適応感との関連」（共著，キャリア教育研究，2023）。

行動と変化を促すキャリアカウンセリング＆ガイダンス
クライエントの可能性を引き出す行動支援

2025 年 2 月 20 日　初版第 1 刷発行

編著者　　渡部昌平
発行者　　宮下基幸
発行所　　福村出版株式会社
　　　　　〒 104-0045　東京都中央区築地 4-12-2
　　　　　電話　03-6278-8508　　FAX　03-6278-8323
　　　　　https://www.fukumura.co.jp
装　幀　　本間達哉（東方図案）
印　刷　　株式会社文化カラー印刷
製　本　　協栄製本株式会社

© 2025 Shohei Watanabe
Printed in Japan
ISBN978-4-571-24124-6 C3011

定価はカバーに表示してあります。
落丁・乱丁本はお取替えいたします。

福村出版◆好評図書

渡部昌平 著
キャリア理論家・心理学者77人の人物で学ぶキャリア理論
◎2,600円　ISBN978-4-571-24099-7　C3011

キャリアコンサルタントが知るべき種々の理論を，それらを提唱した理論家・心理学者の人物像を元に紹介。

渡部昌平 編著
実践家のためのナラティブ／社会構成主義キャリア・カウンセリング
●クライエントとともに〈望ましい状況〉を構築する技法
◎3,000円　ISBN978-4-571-24061-4　C3011

ナラティブ／社会構成主義キャリア・カウンセリングの現場で活躍する専門家達が，各自の実践ノウハウを公開。

渡部昌平 編著
社会構成主義キャリア・カウンセリングの理論と実践
●ナラティブ，質的アセスメントの活用
◎3,200円　ISBN978-4-571-24056-0　C3011

社会構成主義キャリア・カウンセリングとナラティブ，またそれらを背景とした質的アセスメントを多面的に詳解。

M. L. サビカス 著／水野修次郎・長谷川能扶子 監訳
サビカス キャリア構成理論
●四つの〈物語〉で学ぶキャリアの形成と発達
◎3,500円　ISBN978-4-571-24106-2　C3011

キャリアカウンセリングの大家サビカスの理論の集大成。4つの物語でキャリアの形成・発達を明らかにする。

M. L. サビカス 著／日本キャリア開発研究センター 監訳／乙須敏紀 訳
サビカス キャリア・カウンセリング理論
●〈自己構成〉によるライフデザインアプローチ
◎2,800円　ISBN978-4-571-24055-3　C3011

キャリア構成理論の旗手，サビカス初の邦訳。クライエントの人生物語を再構成し，最適な職業選択へと導く。

水野修次郎・長谷川能扶子 著
「仕事」に満足してますか？
●あなたの適職・天職・転機がわかるライフデザイン・ワークブック
◎2,000円　ISBN978-4-571-24094-2　C0011

レッスンを通して本当にやりたい仕事がわかる！今の仕事を続けてよいか悩む社会人，復職が不安な主婦に最適。

S. S. ハンセン 著／平木典子・今野能志・平 和俊・横山哲夫 監訳／乙須敏紀 訳
キャリア開発と統合的ライフ・プランニング
●不確実な今を生きる6つの重要課題
◎5,000円　ISBN978-4-571-24050-8　C3011

グローバルな変化のなかで，人生というキャリアを追求しているキャリア支援の専門家，実践者，研究者に贈る。

◎価格は本体価格です。